2012

¿Y después, qué?

Diana Cooper

2012

¿Y después, qué?

*Palabras de sabiduría para aprobechar
todas las oportunidades del futuro*

Si este libro le ha interesado y desea que le mantengamos informado de
nuestras publicaciones, escríbanos indicándonos qué temas son de su interés
(Astrología, Autoayuda, Ciencias Ocultas, Artes Marciales, Naturismo,
Espiritualidad, Tradición...) y gustosamente le complaceremos.

Puede consultar nuestro catálogo en www.edicionesobelisco.com

Colección Espiritualidad, Metafísica y Vida interior
2012 ¿Y DESPUÉS, QUÉ?
Diana Cooper

1.ª edición: mayo de 2010

Título original: *2012 and beyond*

Traducción: *Pablo Ripollés*
Maquetación: *Natàlia Campillo*
Corrección: *Andreu Moreno*
Diseño de cubierta: *Marta Rovira*

© 2009, Diana Cooper
(Reservados todos los derechos)
Primera edición de Findhorn Press, Reino Unido
© 2010, Ediciones Obelisco, S. L.
(Reservados los derechos para la presente edición)

Edita: Ediciones Obelisco, S. L.
Pere IV, 78 (Edif. Pedro IV) 3.ª planta, 5.ª puerta
08005 Barcelona - España
Tel. 93 309 85 25 - Fax 93 309 85 23
E-mail: info@edicionesobelisco.com

Paracas, 59 C1275AFA Buenos Aires - Argentina
Tel. (541-14) 305 06 33 - Fax: (541-14) 304 78 20

ISBN: 978-84-9777-642-4
Depósito Legal: B-12.489-2010

Printed in Spain

Impreso en España en los talleres gráficos de Romanyà/Valls, S. A.
Verdaguer, 1 - 08786 Capellades (Barcelona)

Agradecimientos

Gracias a Eckhard Graf, mi editor alemán, por persuadirme para escribir este libro, y a Thierry Bogliolo y Sabine Weeke de Findhorn Press por su inquebrantable apoyo. También a Kathy Crosswell, que siempre me ha animado y me ha ayudado a afinar mi conexión con el reino angélico.

No se puede expresar con palabras mi gratitud hacia mi guía Kumeka y hacia Metatrón, que han permanecido conmigo en todo momento. Son muy exigentes, ¡pero nunca juzgan! Gracias asimismo al reino de los elementales, que también ha estado conmigo durante este tiempo.

Un pequeño grupo de espíritus
decididos y empujados por
una inextinguible fe en su misión
puede alterar el curso de la historia

GANDHI

Introducción

Espero que este libro te proporcione información sobre más cosas que las predicciones basadas en la actual concienciación sobre los cambios climáticos, económicos y políticos en todo el mundo; información sobre más cosas que los cambios espirituales que se producirán cuando los portales se abran y entren en masa las nuevas energías; más cosas que las claves para iniciar tu propia iluminación y ascensión. Creo que este libro te brindará valor e inspiración para afrontar la limpieza del planeta y la transformación de la consciencia planetaria para cocrear la nueva edad de oro que empieza en el 2032.

Este libro ha tenido un origen bastante diferente de los demás. Por primera vez en años podía disfrutar de unos meses sin escribir. ¡Incluso empezaba a pensar que podría acostumbrarme a ello! Y mi desarrollo espiritual se estaba acelerando rápidamente mientras pasaba horas apaciblemente en el jardín.

Luego, recibí un mensaje por correo electrónico de Eckhard Graf, mi editor alemán, pidiéndome por favor que escribiera un libro sobre el 2012 y el futuro después de ese año. Como ya había publicado algunos discos compactos sobre el tema, Eckhard sabía de antemano que era mi área de especialidad. Sentí tal oleada de entusiasmo que supe al instante que debía hacerlo. Ya estaba haciendo mentalmente el esquema del libro incluso antes de terminar de leer el mensaje. De hecho, ya había escrito varios capítulos antes de responderle.

Mi guía, Kumeka, y el arcángel Metatrón –trabajo con ambos– afirmaron que me suministrarían toda la información que necesitase. Más tarde me dijeron también que hablara con los seres elementales en el jardín y que les dejase descargar información para mí. Tengo varios elementales pentadimensionales viviendo en los árboles que hay al final de mi huerto, así como cientos de hadas, de modo que traté de equilibrar mis días pasando unas pocas horas con mis hortalizas y el resto del tiempo escribiendo.

Cuando estaba completando el libro, gané la capa naranja y oro de Metatrón y me sentí contentísima de recibir semejante honor. También me dio un símbolo que puedo usar para sintonizar con él más claramente. Ahora que he recibido esta capa, puedo pasársela por transferencia armónica a quienes estén preparados. Como Metatrón está a cargo del empujón hacia la ascensión que está experimentando la Tierra, eso acelerará tu progreso. Si la aceptas al leer estas páginas, puedes a tu vez pasársela a otros. Encontrarás más detalles sobre esto en el capítulo de Metatrón.

El año pasado escribí *Enlightenment Through Orbs* y *Ascension Through Orbs* con Kathy Crosswell y me comuniqué con su guía Wywyvsil. Es un Poder (uno de los ángeles de frecuencia más alta), un Señor del Karma, el Ángel del Nacimiento, y dirige muchos centros de capacitación en los Planos Interiores. Cuando empecé a escribir este nuevo libro, Wywyvsil se presentó y dijo que iba a comunicar con él en los reinos angélicos, el séptimo cielo, para introducir esa energía en el libro de forma que los lectores pudiesen sintonizar inconscientemente con la séptima dimensión. ¡Fue alucinante!

2012 y el período posterior son un tema muy importante. Podemos seguir al inconsciente colectivo a un oscuro porvenir o contemplar las magníficas oportunidades para el desarrollo y la expansión del alma que se presentarán. Los cambios que expongo a grandes rasgos serán increíblemente rápidos y extraordinarios. Las energías espirituales que entren durante el año 2012 serán asombrosas, y en el 2032 el mundo se convertirá en un lugar muy distinto cuando recuperemos la sabiduría de la Atlántida Dorada.

Una tarde, mientras charlaba con una amiga, el arcángel Gabriel entró en la habitación con semblante muy serio. Nos dijo que debíamos dejar de pensar en el pasado y de preocuparnos por el futuro. Los humanos estamos recibiendo energías especiales, que fueron enviadas hace miles de años desde los planetas especialmente para este momento. Los mensajes que contienen fueron formulados para nuestro presente porque ya sabían exactamente lo que íbamos a atravesar.

Cada nuevo día es el ahora. En el 2012 habrá un ahora diferente con otra energía.

El arcángel Gabriel dijo también que los habitantes de este planeta estamos demasiado ocupados en lo que estamos haciendo para recibir estos despachos que fueron cursados con amor e intención para nosotros. Y reiteró que no hay otro día; sólo hoy.

Prosiguió diciendo que las instrucciones son muy claras. Cuando decimos que la energía es alta o baja, lo hacemos porque no estamos sintonizando con los mensajes ni escuchándolos, mensajes que proceden de la Fuente, del principio de la Creación.

El arcángel Gabriel te pide que te sientes en silencio un rato cada día. Abre tu corazón a la totalidad: las estrellas, los animales, todo. Acoge y celebra la energía a cada instante y ella trabajará contigo.

PARTE 1

El año 2012

CAPÍTULO 1

Antiguas profecías sobre el 2012

El 21 de diciembre del 2012 significa el fin de un período astronómico de 26.000 años, así como el de otro de 260.000. Por primera vez en la historia de nuestro planeta, estamos dando un doble salto transformacional. Las posibilidades de crecimiento espiritual son enormes, razón por la cual casi siete mil millones de espíritus han recibido permiso para encarnarse en esta monumental oportunidad. Y todos los universos, sin excepción, están contemplando nuestro progreso con sobrecogimiento y asombro.

**El período de 260.000 años que acaba
el 21 de diciembre del 2012**

Señala el final de la era atlante. El experimento de la Atlántida fue iniciado hace 260.000 años. Se tardó 10.000 años en planearlo y prepararlo, y el experimento en sí ha durado 240.000 años. Aunque la gran masa terrestre se hundió hace ya 10.000 años, seguiremos estando bajo su influencia hasta finales del 2012.

El objetivo de la Atlántida era ver si los humanos podían mantener un cuerpo físico, gozar de libre albedrío y no por ello perder su conexión con la Fuente. Había muchos otros humanos que vivían en otros continentes durante aquel período, pero no formaban parte de ese designio en particular. El quinto y último período atlante de 10.000 años fue un experimento controlado y durante él la Atlántida alcanzó la edad de oro, que duró 1.500 años. Este período es el tema de mi libro *Discover Atlantis*. La visión divina es traer de vuelta la energía de la Atlántida Dorada a un nivel incluso superior después del año 2032, pero esta vez para uso de todo el mundo.

El período de 26.000 años que acaba el 21 de diciembre del 2012

El 21 de diciembre del 2012 también supone el fin de un período astronómico de 216.000 años y el comienzo de uno nuevo. Ese día se producirá un extraño alineamiento entre la Tierra y el Sol. En el pasado, cuando se daba uno de estos alineamientos, debido a la poca consciencia de la humanidad, le sucedían calamidades y catástrofes. Sin embargo, esta vez tenemos una oportunidad para crear una nueva era diferente y gloriosa; pero para ello todos tenemos que cumplir con nuestra parte, dado que el resultado no está asegurado todavía.

La Señora Gea, el vasto Ser que se encarga de la Tierra, ha decretado que ésta y todo lo que contiene debe ascender. Eso significa que todos y todo tienen que subir de frecuencia. Si estamos preparados, el 2012 podría ser el punto de partida de una maravillosa nueva forma de vivir para todos nosotros.

La transición de 20 años a la edad de oro

El 21 de diciembre del 2012 señala el inicio de un nuevo período de transición de veinte años que nos llevará hasta el 2032. En ese momento es cuando empezará de verdad la nueva edad de oro.

Está previsto que en el solsticio de invierno del 2012 Neptuno, Plutón y Urano van a interactuar. Neptuno representa la espiritualidad superior, Plutón la transformación y Urano el cambio. Cuando sus energías operen juntas, ejercerán un inmenso impacto en la consciencia del planeta. Esto supone la posibilidad de un profundo cambio de frecuencia –individual y colectivamente– siempre y cuando usemos la energía sensatamente.

El cambio previsto es tan enorme que los antiguos sabios no se aventuraron a pronosticar lo que sucederá después de esa fecha.

Pronósticos de los antiguos

LOS MAYAS llamaron al 21 de diciembre del 2012 «Día de la Creación», pues una profecía señala que la subida de energía que se producirá ese día activará la fuerza de la kundalini tanto en los individuos como en el planeta. Las profecías dicen que estimulará la memoria genética de nuestras vidas pasadas y de quiénes somos en realidad y que acelerará el avance de muchos a la iluminación y la ascensión.

También prevén que la fuerza de la kundalini planetaria ayudará a activar y realinear todas las pirámides, que nos ligan a nuestro legítimo lugar en el universo, y que eso tendrá como resultado un resurgimiento de la consciencia solar en la humanidad. Las pirámides –las mayas, las egipcias y otras– son ordenadores cósmicos, así como generadores y subestaciones de la energía universal.

LOS INCAS afirman que antes del 2013 un asteroide activará la purificación de la Tierra.

LOS AZTECAS dicen que el actual sol o «edad» del mundo es el quinto, el final de un período de 26.000 años.

Muchos de los SABIOS NATIVOS NORTEAMERICANOS están de acuerdo en que el quinto mundo empieza en el 2012.

LOS INDIOS HOPIS afirman que el 2012 es el fin de una era; y que después de un período de purificación de veinticinco años se producirá lo que ellos llaman «la Aparición».

LOS CHEROQUIS tienen su propio calendario, que acaba en el 2012. Creen que los mundos anteriores acabaron en cataclismos y que es posible que esta vez también suceda.

LOS INDIOS SENECAS dicen que habrá un período de purificación de veinticinco años hasta el 2012.

LA TRADICIÓN MAORÍ sostiene que los velos de la ilusión se disolverán en el 2012 y que habrá una fusión de los planos físico y espiritual.

LOS CHAMANES AFRICANOS también hablan del 2012. Los zulúes, por ejemplo, tienen un cuento que habla de un cataclismo en ese año.

LOS MITOS EGIPCIOS indican que el fin del 2012 anuncia un cambio de consciencia planetario.

EL GRAN CALENDARIO DE LAS PLÉYADES, que es un calendario cósmico basado en el movimiento de este cúmulo estelar, acaba el 21 de diciembre del 2012. Actualmente, las energías superiores que llegan a la Tierra procedentes de otras galaxias se ven disminuidas a su paso por las Pléyades. En el momento actual muchos niños estrella permanecen durante un tiempo allí, que es una escala previa a la encarnación, a fin de prepararse para las frecuencias más lentas de la Tierra. Después del 2012, toda esta gente estrella se someterá a la encarnación física directamente, sin un transformador, así que portarán una vibración más alta. Tendrán que escoger una madre de alta frecuencia que sea capaz de amoldarse a esto.

LOS CALENDARIOS TIBETANO Y JUDÍO indican que el año 2012 acaba un largo ciclo.

Los Vedas declaran que el ascenso de vuelta a la luz comienza en el 2012. Muchos HINDÚES creen que Kalki, considerado como un avatar y la última encarnación del Señor Visnú, se habrá realizado por completo en el 2012. Si puede iluminar a 60.000 personas antes del solsticio de invierno, dará comienzo a una oleada de iluminación; si no, nos perderemos aquí en la Tierra esta extraordinaria oportunidad.

LA ESPIRACIÓN DE BRAHMA, según se cree, dura 26.000 años. Al final se produce un momento cósmico durante el cual se abren los portales del cielo. En ese momento mágico pueden ocurrir cosas milagrosas, incluido un salto transformacional de la humanidad.

EJERCICIO

Visualización para convocar a los ancianos sabios

1   *Busca un sitio donde puedas estar tranquilo y no te moleste nadie.*

2   *Si puedes, enciende una vela o pon música suave y relajante.*

3   *Respira controladamente unos momentos para entrar en un estado de cómoda relajación.*

4   Visualízate sentado bajo un vetusto árbol a la puesta de sol.

5   Llama a los ancianos sabios de diferentes culturas. Hónrales a medida que lleguen.

6   Hazles preguntas o escúchales mientras se comunican entre ellos.

7   Siente la energía de su sabiduría y su profunda conexión con el planeta.

8   Sabe que el tiempo no lineal ha pasado mientras contemplas el sol que empieza a salir en un nuevo día.

9   Da las gracias a los ancianos antes de que se marchen de tu lado.

10   Abre los ojos sabiendo que lo nuevo está empezando para ti.

CAPÍTULO 2

El período de purificación de veinticinco años

Casi todos los sabios de la Antigüedad incluyeron en sus profecías el hecho de que antes del 2012 tendría lugar un período de purificación de veinticinco años. A Quetzalcóatl se atribuye la llamada profecía de los trece cielos y nueve infiernos, que decía que, después de que el ciclo del noveno infierno acabase el 16 de agosto de 1987, habría un período de paz.

Un alineamiento planetario conocido como la Convergencia Armónica tuvo lugar el 17 de agosto de 1987, veinticinco años antes del 2012. Miles de Trabajadores de la Luz acudieron ese día a las cimas de montes y colinas o a lugares sagrados para rezar o meditar sobre el amor y la paz en la Tierra.

Para mí la Convergencia Armónica de 1987 fue un momento mágico. El amanecer fue el más impresionante que he visto, no tanto por la belleza de sus brillantes tonos naranja como por su majestuosidad y energía. Nos reunimos tres para meditar juntos en la cima de un monte y nos dimos cuenta de que algo había cambiado en el planeta.

Como resultado de todas las oraciones y celebraciones de ese día, el Maestro Ascendido Saint Germaine acudió a la

Fuente para interceder por la humanidad, dándonos acceso a la Llama Violeta Transmutatoria para uso de todo el mundo, no sólo de los pocos que podían usarla hasta esa fecha. En ese momento empezó la purificación del planeta.

Miles de personas usaron la energía de la Llama Violeta y no sólo se transmutó su oscuridad interior, sino que enviaron la energía a otros y al planeta mismo.

Al mismo tiempo se publicó una avalancha de libros transformacionales nuevos, capacitando a la gente para entenderse a sí misma y cambiar. También estaban ahí personas emancipadoras para disolver y sanar las viejas ataduras.

Unos pocos años después empezaron a difundirse los libros sobre ángeles, abriendo a muchos a la ayuda espiritual y la conciencia superiores. Los ángeles me pidieron que les dijera a mis lectores que no pueden ayudar al planeta ni a ninguno de nosotros a menos que se lo pidamos, porque no pueden contravenir nuestro libre albedrío. Sin embargo, si pides a los ángeles que te ayuden, ellos lo harán; con tal de que sea por tu bien supremo. Y, si les pides que ayuden a otra persona, tu energía forma un vínculo con dicha persona con el que ellos pueden trabajar. Lo que ya es otra cuestión es que la persona afectada lo acepte o no.

Si pides a los ángeles que purifiquen un sitio concreto, ellos derramarán su luz sobre él. Cuanto más a menudo lo hagas, más ángeles te rodearán a la espera de trabajar contigo.

Cuando este período de veinticinco años comenzó, más personas espirituales solicitaron la asistencia de los arcángeles para la purificación del mundo. Sus ángeles acudieron en masa a todas partes del planeta en respuesta a estas plegarias. Muchos invocaron al arcángel Zadquiel para transmutar la energía bloqueada, y él y sus ángeles aprovecharon esta oportunidad para cambiar lo viejo. Grupos de individuos espirituales con la misma mentalidad empezaron a reunirse para emitir luz.

Nuestra atención está siendo atraída de diversas formas a la tierra que necesita purificarse. Aquí tienes un ejemplo de lo que sucedió en mi jardín:

Los escarabajos defoliadores atacaron toda la zona en la que vivía. Finalmente cavé un buen trozo de terreno y planté hortalizas, gracias a lo cual establecí una maravillosa conexión con la tierra y los seres elementales, además de sentir una profunda satisfacción. Dejé que creciera la hierba en mi huerto para hacerlo menos atractivo para los escarabajos y empecé a caminar por él descalza lo más a menudo posible. Me di cuenta de que los coleópteros estaban atrayendo mi atención hacia el hecho de que el suelo necesitaba ser purificado, de modo que invoqué al arcángel Gabriel en busca de ayuda. Después de eso, cada vez que tomaba fotos del jardín había orbes de sus ángeles de purificación derramando luz en el suelo.

Ya estamos viendo el comienzo de los cambios climáticos mientras la Señora Gea nos hace advertencias y llamadas de atención. Cada desastre natural nos recuerda que debemos purificar tanto nuestras personas como la tierra que pisamos.

Aquí tienes un ejercicio muy sencillo que puedes realizar a diario; te permitirá dejar pisadas doradas allá donde vayas.

EJERCICIO

Pasos dorados

1   *Invoca al arcángel Gabriel y siente una luz blanca y pura que fluye por ti y penetra en la tierra.*

2   *Invoca la Luz de Cristo y siente una luz blanca y dorada en tu interior, con un brillo trémulo, que sale de ti y penetra en la tierra.*

3   *Pide que esta energía permanezca contigo todo el día y penetre profundamente en el suelo que pises.*

4   *Cuando te ocupes de tus tareas cotidianas, ya estés en un rascacielos o a nivel del suelo, tu luz llegará hasta el terreno y ayudará a purificar el mundo.*

CAPÍTULO 3

El año 2012

¿Qué ocurrirá en el 2012? Se nos dice que, suponiendo que estemos preparados, habrá un despertar gradual pero acelerado a medida que la gente aumente de frecuencia. Esto depende ciertamente de las personas de todas partes, y por eso es tan importante que los Trabajadores de la Luz se concentren en el bien y mantengan una visión del retorno de la Atlántida Dorada. Muchas de las profecías anuncian dificultades, pero debemos sobreponernos a ellas y concentrarnos en las maravillosas posibilidades futuras.

Pienso en el 2012 como si fueran los primeros movimientos de un bebé. Es el momento en que notas que da pataditas en tu vientre y comprendes que la transformación es de verdad. Pero todavía tienes tiempo para hacer los preparativos antes de que la nueva vida emerja.

El resultado de este trascendental período depende de cuántas personas se preparen para él elevando sus vibraciones y de cómo acepten la energía de los momentos cósmicos. Basándonos en la consciencia del 2009, en los apartados siguientes tienes el resultado probable que experimentaremos.

Los que están en la tercera dimensión

Las grandes masas populares de la tercera dimensión, que son materialistas y espiritualmente cerradas, lo están frenando todo. Aquellas almas que no estén preparadas al final de su actual encarnación optarán por continuar su viaje en otro planeta tridimensional. Pero partirán con gratitud por la oportunidad de haber estado aquí.

Sin embargo, en este mismo instante grandes cantidades de gente se están viendo muy influidas por el clima de cambio de ámbito mundial. Así que, según el grado de consciencia general que haya, muchos que actualmente sólo creen en un mundo físico despertarán y se abrirán psíquicamente. Algunos empezarán a ver u oír espíritus, hadas o incluso a los ángeles y los Maestros Iluminados. Como sus chakras no estarán acostumbrados a la energía superior, puede que se sientan confusos o aterrorizados por ello, sobre todo si su sistema de creencias o su formación religiosa les dice que no hay tal dimensión. A causa de esto, la incidencia de lo que llamamos enfermedad mental podría muy bien aumentar. Muchas de estas personas pueden desenraizarse y necesitar asistencia.

Ya hemos visto casos de individuos que no pueden con las vibraciones de luz más rápidas que les llegan. Están manifestando en acciones sus peores fantasías, que están muy exageradas en Internet. Si quieres ayudar a estas personas, puedes serles muy útil bendiciendo la World Wide Web y enviándole luz.

Las posibilidades óptimas del 2012

La mejor de las posibilidades es que muchos de aquellos que están en la tercera dimensión abran sus chakras cardíacos y sean trasladados por la luz a la cuarta dimensión. Cuando tu corazón está abierto, no puedes herir a otros, así que la consecuencia sería el surgimiento espontáneo de movimientos pacifistas por todo el planeta. Para estas personas, despertar a los mundos espirituales será una maravillosa expansión de su consciencia. Con su corazón abierto, empezarán automáticamente a amar y respetar a las demás culturas y a los animales, de modo que en todo el mundo mejorarán de forma natural las condiciones de niños, animales y refugiados. También comenzarán a conocer y entender sus vidas pasadas, y por tanto a recordar quiénes son realmente y a apreciar su prolongado viaje del alma. Cuando reconozcan su magnificencia y valía, empezarán a honrarse a sí mismas y a honrar a los demás; la gente con autoestima se trata a sí misma y trata a todos los demás seres con respeto. Habrá un sentimiento de Unidad con los animales, las plantas y nuestros congéneres. La gente comenzará a sentir su fraternidad y a trabajar por el bien común.

Un enorme número de individuos avanzará en su camino a la iluminación y la ascensión.

Los que están en la cuarta dimensión

La mayor esperanza es que muchos de los que están ahora en la cuarta dimensión se trasladarán a la quinta, donde empezarán a trabajar en pro de la paz y la justicia en el mundo, así como en toda clase de proyectos humanitarios. En el conocimiento de que es hora de aliviar la pobreza mundial, efectuarán un vasto cambio en el planeta. Necesitamos tener una buena cantidad de gente en la quinta dimensión para el año 2012.

Los que están en la quinta dimensión

La inmensa mayoría de los que estén en la quinta dimensión antes del 2012 ascenderán en ese momento; en otras palabras, portarán la luz de su Presencia Yo Soy en el aura. Permanecerán a esta frecuencia superior en sus cuerpos físicos, de modo que pondrán su luz a disposición de todo el mundo.

Algunos, no obstante, decidirán omitir el trámite y ayudar desde el otro lado. Pero ¿desaparecerán como un rayo? No lo creo.

Pronóstico actual para el 2012

Mi guía Kumeka dice que las energías de la oscuridad y la luz están equilibradas y que debemos todos concentrarnos en lo positivo para energizarlo e inclinar la balanza del lado de la luz. Debemos aprovechar todas las alineaciones y energías especiales que nos son enviadas en estos momentos para elevar así nuestra frecuencia. Luego, hay muchas posibilidades de que ocurran cosas maravillosas, incluyendo ascensiones en masa, curaciones milagrosas y una gran felicidad para todos.

La influencia de Obama en la ascensión

En octubre del 2008 Kumeka –mi guía– dijo que, basándose en la consciencia de entonces, el 11 % de la población recibiría la iluminación y podría ascender en el momento cósmico del 2012, y que la mayoría de esas personas decidiría permanecer en un cuerpo físico pero portando un nivel más alto de luz. Tras la oleada de entusiasmo en Estados Unidos de las elecciones de noviembre del 2008, el número aumentó al 14 %. En la toma de posesión de Obama, la esperanza y la expectación eran tan fuertes que el pronóstico subió al 18 %. Se espera que el número de personas que ascienden se acelere después del 2012.

Podemos aumentar ese 18 % si ayudamos a más personas a abrir sus doce chakras y a traer a la Tierra la luz de la Fuente a través de nosotros. También podemos aumentarlo si llevamos esperanza e inspiración a nuestras comunidades o al resto del mundo.

La finalidad superior de la Luna en el 2012

En los momentos cósmicos, la Tierra será inundada por la energía de alta frecuencia del Divino Femenino procedente de la Luna. Aquellos que sean capaces de abrir el hemisferio derecho de su cerebro en ese momento, y de aceptar esta energía, nos traerán de vuelta la energía de la Atlántida Dorada. Como la Luna vibra a la frecuencia del número 9, el de los finales, empujará al planeta hacia la ascensión. Aquellos que estén desarrollados psíquicamente pero no espiritualmente pueden tener problemas, porque se abrirán más pero sin saber qué hacer con la energía.

La luna estará llena el 28 de noviembre y el 28 de diciembre del 2012, en torno al momento cósmico del 21 de diciembre. Como consecuencia, las mareas serán excepcionalmente altas, provocando casi con toda seguridad inundaciones en las áreas bajas.

Energía de luz de luna

En las noches de luna llena, incluso si no puedes verla a causa de las nubes, camina al aire libre bajo su luz. Acostúmbrate a su energía, de modo que puedas aceptar más del Divino Femenino y estés preparado para el 2012.

CAPÍTULO 4

Por qué va a ser diferente esta vez

Muchas de las antiguas predicciones se centraban en catástrofes y desastres. Esto se debe a que, en momentos similares de la historia del planeta, la consciencia de la humanidad estaba tan baja que se producían guerras o terribles consecuencias.

Pero esta vez la Señora Gea, el gran ángel que está a cargo de la Tierra, ha decretado que ésta y todo lo que contiene debe aumentar de frecuencia y ascender. Ésta es la razón de que la Jerarquía Espiritual nos haya enviado tanta ayuda en estos últimos tiempos para despertar a la gente y permitir a muchos hacer el cambio con éxito a las nuevas y más rápidas frecuencias:

1 El 8 de junio del 2004 tuvo lugar la primera parte de un doble tránsito de Venus. La segunda será el 6 de junio del 2012. Esta maravillosa y sumamente especial conjunción empieza a equilibrar las energías masculina y femenina dentro de los individuos y en la consciencia colectiva. Encierra la posibilidad de acelerar la ascensión individual y planetaria y ofrece a todo el mundo enormes oportunidades para crecer y madurar. Sin embargo, es un don de Dios; es importante que durante el intervalo entre esas

dos fechas todos contribuyamos a unir el mundo, para que podamos transformarnos y transformar el planeta por medio de la conciencia espiritual.

Esto implica tener respeto por todas las formas de vida y por los recursos del planeta.

2 En noviembre del 2003 se produjo la Concordancia Armónica, que otorgó más energía del Divino Femenino a todo el mundo para despertar la compasión y abrir los corazones.

3 Por primera vez desde la caída de la Atlántida, los Doce Rayos han sido devueltos a la Tierra para bañarnos en luz superior.

4 En el 2008, el Rayo Plateado nos fue enviado directamente por la propia Fuente. Contiene el aspecto más elevado del Divino Femenino y se funde con los demás rayos para equilibrarlos.

5 La Llama Violeta Transmutatoria pasó a estar disponible para todo el mundo en la Convergencia Armónica de 1987. Desde entonces, los rayos Dorado y Plateado se han sintetizado con la Llama Violeta para formar la Llama Violeta Oro Plata, que mantiene a la gente en la quinta dimensión pues transmuta y eleva la frecuencia.

6 Los Rayos Gema, que contienen pura energía arcangélica, pueden ser invocados para que nos llenen de luz.

7 Muchos seres de la Atlántida –incluyendo aspectos de los Doce Rayos, la energía de Cristo, la energía de Buda y el Espíritu de Paz y Equilibrio– contribuyeron a crear un potente haz de luz al que toda la gente pudiese acceder. Conocida como la energía de Mahatma, se abusó de ella

al final de la Atlántida y fue retirada; pero ahora ha vuelto a nosotros. Es la energía más elevada a la que podemos acceder actualmente y acelera de forma espectacular nuestra ascensión. Es una luz blanca y oro muy poderosa; sana a todos los niveles y puede ser de mucha ayuda para las situaciones y las relaciones personales. No puede hacernos daño, pues es descargada a través de nuestra mónada o Presencia Yo Soy.

8 Los ángeles de la Atlántida nos están ayudando a traer de vuelta la sabiduría de la Atlántida Dorada.

9 Los Ángeles Universales de frecuencia rápida están viniendo a la Tierra. A medida que nuestra frecuencia se acelere, podremos conectar con ellos a un nivel más alto, acceder a una mayor cantidad de su luz y recibir información cósmica.

10 Los ángeles están dejando impronta como orbes (esferas de luz) en películas, sobre todo en cámaras digitales, para proporcionarnos pruebas visibles de su presencia y para enviarnos mensajes e inspiración directamente, sin intermediarios.

11 Están naciendo más niños iluminados procedentes de Orión y más almas viejas y sabias de muchas partes de los universos.

12 Los unicornios, los más puros entre los puros, han vuelto en busca de aquellos que tienen una visión para ayudar a los demás. Conectan con esos individuos y ayudan a que sus anhelos del alma se hagan realidad.

13 Los unicornios están ayudando a las personas a disolver los velos de la ilusión que ciegan su Tercer Ojo, a fin de que alcancen la plena iluminación. Para más detalles, *véase* el capítulo 37.

Aportar algo al mundo

Simplemente, afírmate a ti mismo que puedes cambiar las cosas. Piensa en tu vida y en cómo la vives, y busca cosas sencillas que puedas mejorar. Luego, ponlo en práctica a tu manera. Por ejemplo, puedes sonreír a los dependientes de las tiendas, bendecir tu agua, dedicar cinco minutos diarios a apreciar el maravilloso mundo en que vivimos. Tu aura se transformará y tu energía superior influirá en los demás.

EJERCICIO

Visualización; trabajar con los Rayos Gema

El rubí es la forma materializada del Rayo Rubí, que contiene la energía de los arcángeles Uriel y Aurora. Brinda sabiduría y conocimientos profundos, serenidad y la energía necesaria para actuar.

La esmeralda es la forma física del rayo de los arcángeles Rafael y María. Brinda equilibrio, confianza, sanación, sabiduría y espiritualidad superior.

El zafiro porta la luz de los arcángeles Miguel y Fe, y su rayo proporciona fortaleza, información antigua y poderes superiores de comunicación.

El diamante es la materialización del Rayo Diamante de los arcángeles Gabriel y Esperanza. Es el rayo de la pureza, la claridad y el divino propósito que eleva a la gente a dimensiones superiores.

1   Siéntate tranquilamente en un sitio donde no te moleste nadie.

2   *Decide qué rayo deseas invocar.*

3   *Di en voz alta o piensa esto: «Ahora invoco el Rayo-Rubí/Esmeralda/Zafiro/Diamante».*

4   *Difunde con tu aliento el color del Rayo Gema de tu elección por todas las células de tu cuerpo.*

5   *Pide a los ángeles apropiados que den sus bendiciones.*

6   *Quédate sentado unos minutos más, dejando que la bendición de este rayo te inunde.*

7   *Da las gracias a los arcángeles.*

8   *Abre los ojos.*

CAPÍTULO 5

Los momentos cósmicos

El mundo está a punto de experimentar dos momentos cósmicos, en cada uno de los cuales se producirá el silencio en todo el universo. En ellos los portales del cielo se abrirán y derramarán sobre nosotros una luz de una frecuencia inimaginablemente alta, de modo que las posibilidades son alucinantes e ilimitadas. Ambos momentos tendrán lugar por la mañana, exactamente a las once horas once minutos.

El 11,11 –u 11:11, según en qué contexto aparezca– es un número maestro que señala el comienzo de una nueva fase a un nivel mucho más alto. Fue implantado como energía en la consciencia colectiva hace milenios, antes incluso de la Atlántida y Lemuria, y siempre mantendrá en marcha lo nuevo.

El primer momento cósmico es a las 11:11 a.m. del 11 de noviembre del 2011. Debería ser un momento de celebración.

Se nos ha pedido que celebremos nuestro éxito hasta la fecha y que imaginemos lo maravilloso que será todo en el 2012.

El segundo momento cósmico es a las 11:11 a.m. del 21 de diciembre del 2012.

Las 11:11 a.m. del 21 de diciembre del 2012 es un momento en el que una gran luz se derramará en el planeta y ocurrirán milagros; la humanidad entera recibirá impulso hacia la iluminación y la ascensión. No obstante, el cambio será energético, así que, si esperas un cataclismo, te sentirás aliviado al ver que no ocurre; pero si esperas la iluminación al instante, probablemente te lleves un chasco. Las oportunidades surgidas a raíz de este momento serán inmensas, no sólo las personas sensitivas las advertirán.

Qué hacer en los momentos cósmicos

El Señor Melquisedec, que ilumina la Escuela Diana Cooper, ha comunicado que el mundo entero necesita empezar ya a acumular energía de cara a los momentos cósmicos. Dijo que la manera más eficaz de preparar a la gente sería ésta: primero realizar una plegaria, después entonar durante once minutos un «om» y, por último, guardar un minuto de silencio durante el momento cósmico en sí. Nos ha proporcionado la Oración de la visión, que encontrarás en la página 39.

La ley de la oración

Dios está escuchándote todo el tiempo; está al tanto de todo lo que pides con tus pensamientos, palabras o plegarias. En este sentido, los pensamientos negativos y las preocupaciones son, por decirlo así, plegarias tridimensionales. Las quejas, el servilismo, el regateo y las peticiones manipuladoras a Dios o Sus ángeles son descartados de inmediato por la Divina Providencia.

Sin embargo, las afirmaciones verbalizadas con claridad son oraciones muy positivas. ¡Ten mucho cuidado con lo que pides! Las peticiones cursadas directamente a Dios o por medio de los ángeles son una «línea de la esperanza» en conexión con lo divino.

Escucha al universo en tus meditaciones.

Para orar con eficacia

1 Reza con el corazón.
2 Asegúrate de que tus intenciones son puras.
3 ¡Nunca les digas a Dios ni a los ángeles lo que no deseas ni lo que estás sufriendo! Si lo haces, estás pidiendo doble ración de lo mismo.
4 Háblale a Dios de tu visión. «Esto es lo que quiero conseguir. Esto es lo que ya he logrado. Esto es lo que necesito de Ti».
5 Pide que se realice el bien supremo. Si lo que pides es realmente por el bien supremo, el universo entero se reajustará para concedértelo. Así que prescinde de lo que esperas que pase, o incluso de que pase. Dios puede tener en mente algo mejor para ti.

Tu plegaria cobra más fuerza cuando otros rezan contigo y se unen a tu visión.

Plegarias de acción de gracias

Son oraciones pentadimensionales en las que das gracias teniendo fe en que lo que pides ya te ha sido concedido. Así que te dispones a recibirlo con entusiasmo, pues sabes muy dentro de ti que ya lo tienes. Fe y gratitud son poderosas energías que desencadenan una respuesta del cielo. En la quinta dimensión vives en una clara corriente de consciencia divina, así que sólo pides cosas que sean por el bien supremo.

Una plegaria colectiva como la «Oración de la visión para el 2012 y después» crea una gran luz cuando es dirigida a las alturas por mucha gente, y envía una corriente constante de intención pura al Señor. Si te es posible, enciende una vela antes de pronunciarla.

La oración de la visión

Tengo una visión en la que todo el mundo vive en paz, tiene comida y tiene techo; donde cada niño es querido y educado para que desarrolle su talento, donde el corazón es más importante que la cabeza y la sabiduría es venerada por encima de las riquezas.

En este mundo imperan la justicia, la igualdad y la imparcialidad. Se honra a la Naturaleza, así que las aguas fluyen puras y transparentes y el aire es fresco y limpio. Las plantas y los árboles tienen alimento y cuidados y todos los animales son respetados y tratados con bondad. La felicidad y la risa prevalecerán.

Y los humanos caminan de la mano de los ángeles. Gracias por el amor, la comprensión, la sabiduría, el coraje y la humildad para hacer mi parte en difundir la luz. Ojalá todo el mundo ascienda.
¡Así sea!

Escribe una plegaria personal

Tal vez quieras escribir una oración sólo para tus ojos. Formúlala de forma sencilla y sincera, y pon tu corazón en ello al ponerla por escrito. Luego, pronúnciala tres veces a solas o en tu grupo. Acábala dando gracias y afirmando: «Esto está hecho».

CAPÍTULO 6

Los Juegos Olímpicos del 2012

En el 2012 los Juegos Olímpicos se celebrarán en Londres porque esta ciudad es el chakra espiritual Estrella de la Tierra del planeta. La importancia de esto no debe ser subestimada.

El Concilio Intergaláctico siempre ha sabido que debían tener lugar aquí porque la nueva luz debe enraizarse profundamente en la Tierra. ¡El mundo se ahorraría mucha energía y mucho lío si los gobiernos y los comités dejaran que las elecciones como la de la ubicación de los Juegos Olímpicos surgieran automáticamente de la sabiduría sensibilizada!

El chakra Estrella de la Tierra del planeta

Los chakras Estrella de la Tierra de todas las personas y del planeta son cuidados por el arcángel Sandalfón, que actualmente porta la energía kundalini para el mundo. Sandalfón y Londres vibran en la energía del número 1, que energiza los nuevos comienzos. Están bajo la influencia de Sirio, también relacionado con el número 1. Encontrarás más datos sobre la importancia de los números en el capítulo 40.

Dentro de la Estrella de la Tierra, el arcángel Sandalfón también alimenta las semillas de nuestro potencial. Para que este chakra despierte y nos presente nuestras divinas posibilidades, antes tenemos que comprometernos en firme con la Tierra enraizándonos y respetando la hierba, los árboles, las flores, las rocas y los cristales.

Ahora es un buen momento para consultar la tabla de la página 253, que contiene todos los números con sus correspondientes chakras, ubicaciones planetarias, conexiones galácticas y arcángeles. Además, en la página 257 tienes otra tabla con todos los chakras, arcángeles, notas musicales para sintonizar con los chakras y sus colores pentadimensionales.

Cuando todos los demás chakras están listos, la Estrella de la Tierra activa la Puerta de las Estrellas, que es el chakra ascensional, para que se abra al mismo tiempo. Esto es aplicable tanto a los individuos como al planeta. En el 2012, la Tierra ascenderá a un nivel más elevado y su ascensión se acelerará.

La intención es que todos juntos, todo el mundo, aumentemos nuestra frecuencia durante los Juegos Olímpicos. Entonces la kundalini espiritual del planeta, contenida en la Estrella de la Tierra, será activada por el fuerte aumento del entusiasmo y la esperanza hasta que esté lista para aumentar en el momento cósmico.

Está previsto que el 21 de diciembre del 2012 el chakra Estrella de la Tierra y la Puerta de las Estrellas de nuestro planeta despertarán. En ese momento la Puerta de las Estrellas se expandirá del todo, como un cáliz, para recibir un aporte de energía… ¡de la Fuente misma! El planeta entero accederá a la luz de la Fuente y se bañará en ella. ¡Qué oportunidad para el desarrollo espiritual y la transformación mundiales!

La intención original de los Juegos Olímpicos, cuando se instituyeron en la Atlántida Dorada, giraba en torno a la celebración, la unidad y la excelencia. Y los que se van a celebrar en el 2012 traerán mucha luz al mundo entero, no sólo a Londres.

Por favor, bendice los Juegos Olímpicos del 2012 y reza para que reunamos la suficiente energía durante esos momentos para permitir a la kundalini aumentar, tal como se ha pronosticado.

Si aprovechas la luz de este evento y la mantienes en la Llama Dorada, sumarás tu energía a las posibilidades superiores. Con sólo encender una vela por el éxito de los Juegos Olímpicos ya puedes cambiar las cosas. Aunque estés leyendo esto después de finalizar el evento, aún es tiempo de encender una vela, porque Metatrón extraerá tu intención fuera del tiempo lineal y la añadirá al todo.

Veinte años más tarde, en el 2032, la energía espiritual del planeta será tan alta que las decisiones por el bien supremo, como el emplazamiento de los acontecimientos importantes, se tomarán automáticamente porque todas las personas estarán alineadas como una sola.

El chakra espiritual Puerta de las Estrellas de la Tierra

La Puerta de las Estrellas está en el océano glacial Ártico, esperando para despertar en el 2012. Aquí es donde viven los esquimales y durante miles de años ha contenido la sabiduría que trajeron consigo desde la Atlántida Dorada.

El Sumo Sacerdote Seth trajo a su tribu desde la Atlántida hasta esta parte del mundo. Tenían un patrimonio chamánico y estaban muy relacionados con el elemento agua. Decidieron desplazarse al océano Ártico porque estaría cubierto por el hielo durante aproximadamente 4.000 años antes del 2012, para que toda la zona estuviese ya purificada para ellos cuando llegara el momento.

Durante la edad de oro de la Atlántida, los esquimales tenían una relación simbiótica con los animales y muchos de ellos la mantienen todavía. Pueden comunicarse con ellos y extraer sus sagrados conocimientos para compartirlos con todos nosotros cuando la suficiente cantidad de personas estén preparadas. Como los animales están experimentando su propio proceso de ascensión, lo mismo que nosotros, pronto podremos ayudarnos mutuamente mucho más. Los humanos dejarán de sentirse superiores a todas las demás criaturas.

En el 2032 los corazones de casi todo el mundo estarán abiertos y la explotación de los animales será cosa del pasado. A las generaciones futuras les horrorizará lo que les hemos hecho a los animales, pero éstos nos perdonarán y volveremos a compartir el planeta en armonía otra vez.

Los seres elementales están en sintonía con Londres y el océano Ártico y están ayudando a preparar ambas áreas para la colosal subida de energía que tendrá lugar en el 2012 y posteriormente.

Ubicación de los chakras espirituales del planeta

El planeta tiene chakras físicos, mentales, emocionales y espirituales, razón por la cual hay tanta discrepancia cuando la gente habla de ellos.

Éstos son los doce centros espirituales; cada uno de ellos está relacionado con un arcángel. Estos lugares no se corresponden con las ubicaciones de los retiros arcangélicos.

1.	ESTRELLA DE LA TIERRA	Londres, Reino Unido
2.	BASAL	Desierto de Gobi, China
3.	SACRAL	Honolulú
4.	UMBILICAL	Islas Fiyi
5.	PLEXO SOLAR	Toda Sudáfrica
6.	CARDÍACO	Glastonbury, Reino Unido
	CORAZÓN CÓSMICO	Guatemala
7.	GARGANTA	Luxor, Egipto
8.	TERCER OJO	Afganistán
9.	CORONILLA	Machu Picchu, Perú
10.	CAUSAL	Tíbet
11.	ESTRELLA DEL ALMA	Agra, India
12.	PUERTA	Ártico
	DE LAS ESTRELLAS	

EJERCICIO

Visualización para bendecir los Juegos Olímpicos

1   Busca un sitio donde puedas estar tranquilo, sin que te moleste nadie.

2   Cierra los ojos y relájate.

3   Imagina la llama olímpica con el ojo de la mente.

4   Envíale cualidades de celebración, amor, armonía, unidad, excelencia y alegría.

5   Ve cómo la llama se expande hasta que su luz se difunde por el cosmos.

6   Bendice todos los Juegos Olímpicos, los que ha habido y los que habrá.

7   Abre los ojos.

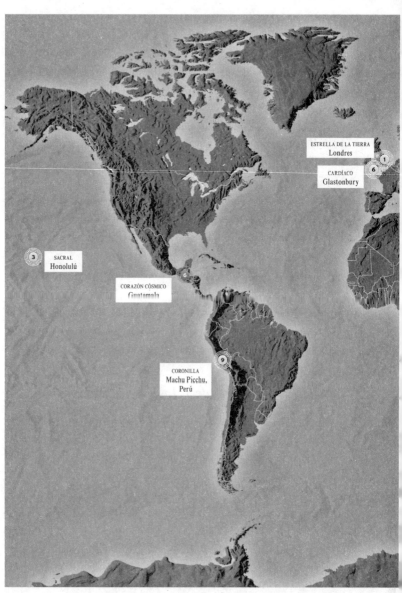

ESTRELLA DE LA TIERRA
Londres

CARDÍACO
Glastonbury

SACRAL
Honolulú

CORAZÓN CÓSMICO
Guatemala

CORONILLA
Machu Picçhu,
Perú

Los doce chakras espirituales del planeta

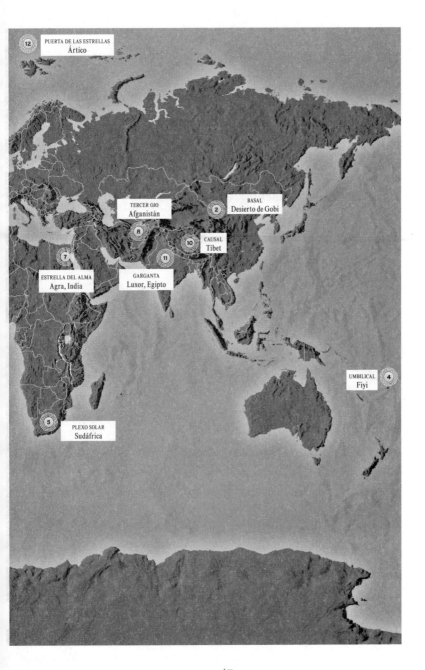

Hablar de los Juegos Olímpicos

Con adultos o niños, dibuja la llama de los Juegos Olímpicos y habla del objetivo original de este evento internacional, a fin de que la gente se una para la celebración y se concentre en la armonía, la alegría y la excelencia. Tu energía se sumará a la de los Juegos y permitirá que la kundalini planetaria aumente.

CAPÍTULO 7

Portales cósmicos que se abrirán en el 2012

Por todo el mundo hay enormes portales cósmicos, la mayor parte de los cuales se abrirá de golpe en el 2012. Algunos están dormidos pero listos para despertar suavemente en ese momento, tal vez incluso antes. A otros les llevará un poco más de tiempo. Pero todos ellos ejercerán un enorme impacto en las áreas circundantes y en el mundo entero cuando su luz de alta frecuencia se esparza.

Hay treinta y tres de estos portales cósmicos, de modo que nos traen la Luz de Cristo así como los Doce Rayos y el Rayo Plateado del Divino Femenino.

Imagina un árbol con el tronco en el centro de la Tierra. Arriba, las ramas se extienden hacia los planetas y las estrellas. Abajo, las raíces se esparcen por el suelo hasta puntos específicos. Son líneas ley cósmicas.

La luz de los Doce Rayos que viene del cosmos, mezclada con el Rayo Plateado, pasa por las ramas y el tronco y luego se distribuye por las distintas raíces hasta los portales, que están listos para abrirse. Allí brota como de una fuente para saturar la tierra y sus habitantes con divina luz. Visualizar esto ayudará a energizar el proceso de preparación del planeta para el momento cósmico del 2012.

Hay también muchos portales más pequeños, que se abrirán también en ese momento, donde ha habido megalitos, lugares sagrados o parajes de gran belleza natural; pero por lo general no nos traerán la Luz de Cristo como los treinta y tres portales cósmicos.

Los treinta y tres portales cósmicos

Culturas antiguas

1 ATLÁNTIDA: este portal ya se está abriendo, despertando la energía del Templo de Poseidón en el océano Atlántico y adelantándonos la sabiduría de la Atlántida.

2 LEMURIA: este portal ya se está abriendo en Hawái, activando el gran cristal de Lemuria y devolviéndonos la sabiduría que encierra.

3 LA TIERRA HUECA: este portal del centro de la Tierra está empezando a abrirse justo ahora y va a afectar profundamente a las líneas ley. La boca es un óvalo alargado y está en Estados Unidos; abarca Oklahoma, Kansas, Nebraska, Dakota del Sur y la parte meridional de Dakota del Norte. Originalmente era un enorme círculo, pero su forma cambió debido a las fuerzas telúricas. La energía que va a entrar en el 2012 será lo bastante alta y lo bastante intensa para devolverle su forma y tamaño originales, y tendrá un gran impacto en la gente. Su apertura va a ser larga y lenta. En el 2032 estará listo en un 93 %; alcanzará toda su gloria en el 2035, momento en que habrá una enorme actividad física y energéticamente en esta área.

Hay otras entradas a la Tierra Hueca, pero esta de Estados Unidos es el portal principal y se alineó con el centro del universo, que es la sede de la Fuente, en el momento de su primera apertura. Volverá a estar alineado cuando recupere su posición original en el 2035: permanecerá abierto de par en par durante tres años, y luego empezará a retroceder poco a poco. Así que crece, se abre y luego se cierra lentamente como una flor, pero su impacto será enorme. El portal de Estados Unidos se cerrará porque el movimiento de la Tierra conlleva que deje de estar alineado con el centro del universo. Entonces se abrirá otro de los puntos de entrada a la Tierra Hueca en un lugar diferente del planeta.

4   MU: este portal en el océano Pacífico está cerrado; se abrirá en el 2012, volviendo a despertar la sabiduría latente de la antigua civilización de Mu.

Australasia

5   ULURU, AUSTRALIA: en conexión con la sabiduría aborigen. Se abre en el 2012.

6   ISLAS FIYI: en conexión con la sabiduría maorí. Aquí es donde vinieron los atlantes tras el hundimiento de su continente, antes de proseguir camino a Nueva Zelanda. Se abre en el 2012.

Norteamérica

7   SEDONA, ESTADOS UNIDOS: en conexión con la sabiduría de los nativos norteamericanos. Se abre en el 2012.

8   EL TRIÁNGULO DE LAS BERMUDAS: el Gran Cristal de la Atlántida era un portal que, entre otras cosas, se guardaba en el Templo de Poseidón. Cuando la Atlántida cayó,

el Cristal se alojó en el fondo del océano, en mitad del triángulo de las Bermudas. Si el Concilio Intergaláctico necesita usarlo, lo abre y todo lo que está en él –personas incluidas– experimenta un rápido cambio interdimensional. A ojos de los humanos desaparece trágicamente, pero a nivel del alma todos los implicados aceptan la experiencia. Así pues, este portal está unas veces abierto y otras veces cerrado.

9 BANFF, CANADÁ: se abre en el 2012.
10 ALASKA, ÁRTICO: en conexión con la sabiduría inuit. Se abre en el 2012.
11 EL POLO SUR: se abre en el 2012.

Sudamérica

12 ASENTAMIENTO MAYA EN HONDURAS: ya se está abriendo.
13 LA TOTALIDAD DE PERÚ: en conexión con la sabiduría inca. Se abre en el 2012.

África

14 MALÍ: en conexión con la sabiduría dogona. Después de conducir Ra a su tribu desde la Atlántida hasta Egipto, los dogones, que formaban parte del grupo, se desplazaron más hacia el sur de África y se afincaron en Malaui. Llevaron consigo sabiduría y antiguos conocimientos de Sirio y los siguen guardando para todos nosotros. Este portal está dormido; se abre en el 2012.
15 LA ESFINGE DE EGIPTO: se abre en el 2012.

Oriente Próximo

16 MESOPOTAMIA: se abrirá después del 2012, devolviéndonos la sabiduría de la Atlántida Dorada que fue llevada allí por la tribu de Apolo después de la Caída.

Lejano Oriente

17 EL NACIMIENTO DEL GANGES, INDIA: está dormido, pero listo para abrirse antes del 2012.
18 VARANASI, INDIA: está empezando a abrirse ahora.
19 MANILA, FILIPINAS: se abre en el 2012.
20 MONGOLIA: se abre en el 2012.
21 ANGKOR WAT, CAMBOYA: este portal está dormido, preparándose para despertar antes del 2012.
22 Donde Kuan Yin guardó la energía, en las montañas que jalonan LA RUTA DE LA SEDA: está dormido ahora; se abre en el 2012.
23 WUHAN, EN EL ESTE DE CHINA: se abre en el período comprendido entre el 2012 y el 2014.
24 ANSI, EN EL NORTE DE CHINA: se abre en el 2012.

Europa

25 YORK, en los valles de Yorkshire, Reino Unido; es un portal muy grande y se abre en el 2012.
26 ANDORRA: este portal está durmiendo, se abre en el 2012.
27 Bajo el agua, EN LA COSTA DE MARSELLA: se abrirá poco después del 2012.

Rusia

28 OMSK, EN LOS URALES: se abre en el 2012.

29 SIBERIA: se abre en el 2012.

30 AGATA, AL NORTE DE RUSIA: se abre en el 2012.

31 OPALA, EN LA PENÍNSULA DE KAMCHATKA, RUSIA: se abre en el 2014.

32 GORA CHEN, EN LA CORDILLERA DE KERKEYANSK, RUSIA: ya está empezando a abrirse.

33 POLO NORTE, ANTÁRTICO: está empezando a abrirse ahora mismo.

Todos estos portales, aparte del de la Tierra Hueca, descansarán unos años porque han asimilado y compartido con nuestro planeta toda la energía cósmica que pueden. Cuando hayan descansado, volverán a abrirse.

Los Doce Rayos

Estos rayos de luz de alta frecuencia son filamentos de la fuerza de Dios, que están siendo derramados ahora en la Tierra en beneficio de todo el mundo. Además, en el 2008 el Rayo Plateado, el del Divino Femenino, se fundió con todos los demás rayos para equilibrarlos. Los arcángeles trabajan a menudo con un aspecto diferente de los rayos de los Maestros, razón por la cual algunos rayos tienen más de un color.

EL RAYO I es rojo y su Maestro es Morya, que influye en la gente para que emplee su voluntad divina en vez de su voluntad inferior y se empodere a sí misma. El arcángel Miguel trabaja con el aspecto azul del rayo 1.

EL RAYO 2 es amarillo (a veces azul) y está a cargo de Lanto. Es el rayo del amor y la sabiduría, porque su frecuencia ayuda a la gente a comunicar sabiamente la Verdad. El arcángel Jofiel, ángel de sabiduría, trabaja con el rayo amarillo.

EL RAYO 3 es amarillo dorado y su Maestro es Pablo el Veneciano. La vibración de este rayo de inteligencia y actividad creativa impulsa la creatividad y ayuda a activar la ciencia y la sabiduría. El arcángel Chamuel, ángel del amor, trabaja con el aspecto rosado de este rayo.

EL RAYO 4 ocasiona armonía y equilibrio con una vibración amatista y blanca bajo la dirección de Serapis Bey. El arcángel Gabriel, ángel de pureza y claridad, trabaja con el blanco puro de este rayo.

EL RAYO 5 es anaranjado y su Maestro es Hilarión. Este rayo está ayudando a impulsar la tecnología y la ciencia espirituales, y todos sus secretos están ocultos en la Naturaleza. El arcángel Rafael, ángel de sanación y abundancia, trabaja con el aspecto verde esmeralda de este rayo.

EL RAYO 6 es añil y está bajo la dirección de María Magdalena; está abriendo el mundo a la verdadera espiritualidad. El arcángel Uriel, ángel de paz, trabaja con el aspecto dorado y morado de este rayo.

EL RAYO 7 es violeta y está bajo la dirección de la Señora Nada. Su frecuencia está impulsando las antiguas técnicas de sanación y despertando la sagrada sabiduría e intuición y las energías psíquicas superiores. El arcángel Zadquiel también trabaja con el aspecto violeta de este rayo para traernos transmutación.

EL RAYO 8 es azul topacio. Está a cargo de Kumeka, Señor de la Luz, que es mi guía. Este rayo ocasiona ilumina-

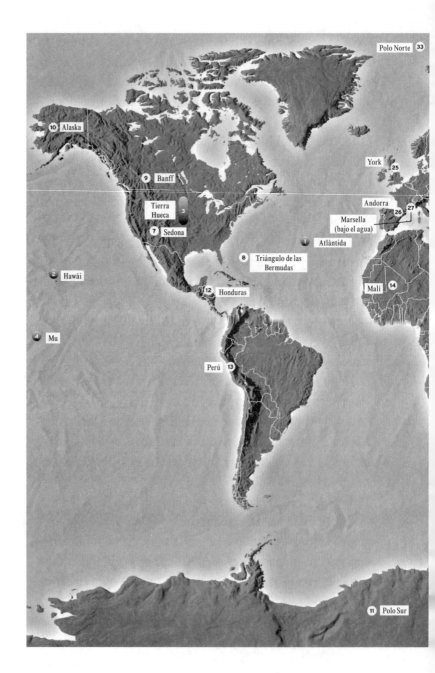

Polo Norte 33

Alaska 10

York 25

Andorra 27

26

Banff 9

Tierra Hueca 3

Marsella
(bajo el agua)

Sedona 7

Atlántida

Triángulo de las Bermudas 8

Hawái

Malí 14

12 Honduras

Mu

Perú 13

Polo Sur 11

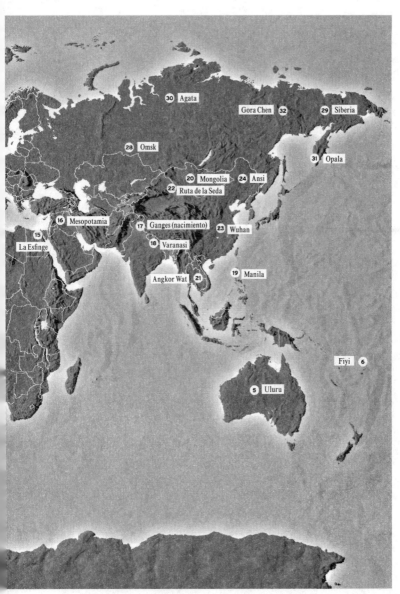

Los treinta y tres portales cósmicos

ción y transmutación de lo viejo. El arcángel Butyalil trabaja con el aspecto blanco de este rayo.

EL RAYO 9. Éste es el rayo amarillo de la armonía, que entró en el planeta en el 2001 y que equilibra la mente y el espíritu de la humanidad. Voslú, el Sumo Sacerdote de más poder de la Atlántida, es el Maestro de este rayo. Serafina, en la frecuencia de los serafines, es el ser angélico que trabaja con este rayo y vibra con todos los colores.

EL RAYO 10. Éste es el rayo citrino, que entró en el planeta al final del 2001 y que ayuda a la gente a encontrar su propósito práctico en la vida. Porta las energías de Buda, y el Señor Gautama es quien está encargado de él. El arcángel Sandalfón colabora con los unicornios en este rayo con energía blanca y negra.

EL RAYO 11. Este rayo de color verde esmeralda vivo trae claridad, misticismo y sanación. Está trayendo espiritualidad a las religiones dogmáticas y nos está ayudando a aceptar las energías superiores que nos llegan. Este rayo entró en el planeta al final del 2001 y Rakoczi es su Maestro. El arcángel Cristiel trabaja con este rayo en el tono blanco hielo con una pizca de azul.

EL RAYO 12. Kuan Yin es la Maestra de este rayo del amor incondicional, que entró en el planeta en el 2003. Su color es el rosa cereza vivo. Porta una frecuencia capaz de reempoderar a las mujeres e impulsa la sabiduría femenina en los varones. El arcángel Metatrón trabaja con su luz anaranjada en este rayo.

EJERCICIO
El árbol cósmico y los portales

1   Siéntate y relájate donde nadie te moleste.
2   Alberga la intención de energizar el Árbol Cósmico y despertar los portales.
3   Visualiza el tronco de un árbol que pasa por el centro del planeta.
4   Las ramas de este árbol se extienden hasta tocar las brillantes estrellas, que llenan el firmamento infinito.
5   La luz de los Doce Rayos mezclada con el Rayo Plateado se derrama por las ramas y el tronco. Rojo, amarillo, amarillo intenso, amatista blanco, naranja, añil, violeta, azul topacio, amarillo, citrino, esmeralda, rosa cereza y plateado.
6   La luz se esparce por todas las raíces inundando el mundo.
7   Cuando alcanza uno de los portales, una inmensa fuente de luz que brilla con todos estos colores se alza sobre la superficie de la Tierra y cae en cascada sobre la zona.
8   Siente la luz despertando a todo y a todos los que toca.
9   Cuando todos estén despiertos, contempla al mundo entero tomándose de las manos.
10   Da gracias por esto y abre los ojos.

También puedes visualizarte a ti mismo como el Árbol Cósmico. Me encanta practicar esa visualización; es algo muy importante y especial. También me encanta la energía que fluye por mí.

Visualízate a ti mismo como un Árbol Cósmico

1   Siéntate y relájate donde nadie te moleste.
2   Alberga la intención de energizar el Árbol Cósmico y
    despertar los portales.
3   Visualiza tu cuerpo como el tronco del Árbol Cósmico.
4   Ve las ramas que salen de tu coronilla hacia las estre-
    llas.
5   La luz de los Doce Rayos mezclada con el Rayo Pla-
    teado se derrama primero por las ramas y luego por tu
    cuerpo. Rojo, amarillo, amarillo intenso, amatista blan-
    co, naranja, añil, violeta, azul topacio, amarillo, citrino,
    esmeralda, rosa cereza y plateado.
6   La luz se esparce por las raíces y por todo el mundo.
7   Cuando alcanza uno de los portales, una inmensa
    fuente de luz que brilla con todos estos colores se alza
    sobre la superficie de la Tierra y cae en cascada sobre
    la zona.
8   Siente la luz despertando a todo y a todos los que toca.
9   Cuando todos se despierten, contempla al mundo ente-
    ro celebrándolo.
10 Da gracias por esto y abre los ojos.

CAPÍTULO 8

Las calaveras de cristal en el 2012

En la Atlántida Dorada doce calaveras de cristal, una por cada una de las tribus, fueron labradas usando la clase de tecnología espiritual que acabará volviendo a nosotros. Cada una de ellas se hizo a partir de un bloque macizo de cuarzo por medio de control mental y poder del pensamiento; una técnica por el momento no accesible para nuestras mentes, que están aún sin entrenar y en gran parte desaprovechadas.

Las calaveras tenían el tamaño de las nuestras y las quijadas se movían. En el interior del cristal había una extraordinaria red de prismas y lentes que iluminaban el rostro y los ojos.

Eran capaces de hablar y cantar porque eran ordenadores avanzados, programados con todos los conocimientos y la sabiduría de sus tribus respectivas. Los Sumos Sacerdotes y Sacerdotisas introducían en ellas información esotérica sobre los orígenes humanos y los misterios de la vida, con objeto de que la verdadera historia del planeta no se perdiese. Más importante aún, las calaveras sostenían la visión de la consciencia de unidad, y todos los que son tocados por su energía lo sentirán incluso en la distancia.

Cuando la gente tenga una frecuencia suficientemente elevada, será capaz de sintonizar con las calaveras y leer los archivos que contienen.

Los conocimientos encerrados en las calaveras se consideraban tan importantes que fueron introducidos también en una calavera Maestra de color amatista, de una vibración muy alta. Cuando cayó la Atlántida, la calavera amatista fue desmaterializada y llevada a los Planos Interiores. Sólo regresará cuando el planeta esté preparado para ello, pues si accediésemos ahora, con nuestro actual estado de consciencia, causaríamos un daño enorme.

Todos los archivos de información sobre este planeta, desde el principio de los tiempos, se conservan en una banda de alta frecuencia dentro de la Esfinge. La información de las calaveras también fue introducida en la Esfinge. Como en el caso anterior, podrá ser leída a nivel psíquico cuando la gente esté lista para sintonizar con ella.

Cuando empezó la destrucción de la Atlántida, las sacerdotisas cogieron las calaveras de cristal de sus tribus y las llevaron con ellas a los nuevos lugares de destino preparados para los supervivientes. Allí fueron escondidas hasta que llegase el momento oportuno para revelarlas de nuevo. Hasta el momento sólo ha aparecido una.

La calavera maya

Una calavera ha sido liberada, la maya, conocida como la calavera del amor y programada con toda la sabiduría de la tribu guiada por Afrodita. Se originó en Venus, planeta del amor, y su pueblo entendía los movimientos de éste. Cuando Afrodita llevó a sus supervivientes a Sudamérica, se convirtieron en los mayas, que habían traído consigo desde la Atlántida sus conocimientos de astronomía y matemáticas. Ésta es la razón de que tuvieran la información especial que les permitió calcular el calendario maya, que abarca el período comprendido entre el 3114 a. C. y el 2012 d. C., junto con sus increíblemente exactas profecías. Sus conocimientos les permitieron construir las pirámides de nueve escalones perfectamente alineadas con las estrellas. Cada uno de los nueve escalones representa un salto transformacional de la humanidad desde el principio de los tiempos y cada sección nos dice exactamente dónde está nuestra consciencia planetaria: justo hasta el 2012.

Estas pirámides son ordenadores cósmicos, diseñados para activarse en el 2012 por la energía de las estrellas. En ese momento despertarán los poderes latentes dentro de las calaveras.

Cada uno de los templos mayas y de sus asentamientos adyacentes era totalmente autosuficiente. La información que trajeron consigo desde la Atlántida no era sólo esotérica, sino también práctica, así que sabían exactamente cómo producir alimentos no sólo a la manera convencional, sino con métodos actualmente fuera del alcance de nuestra conciencia.

Los antiguos mayas tenían grabada la sabiduría de la Atlántida Dorada en la consciencia. Sin embargo, dicha sabiduría, que los astrónomos y astrólogos tenían entonces y que sólo tienen parcialmente ahora, también podía usarse con fines oscuros. Podían, por ejemplo, hacer daño a otros calculando el mejor momento para el ataque. Cuando los mayas se vieron invadidos por muchas tribus cuya consciencia era demasiado baja para usar estos conocimientos sabiamente, decidieron abandonar el planeta. Ascendieron llevándose consigo la sabiduría de la Atlántida, aparte de los sagrados archivos ocultos en la calavera de cristal.

Los mayas pensaban que dejaban el área protegida y altamente cargada. Su intención era que fuese un lugar donde la gente pudiera ir y venir durante mucho tiempo, bañándose en la energía de alta frecuencia y llevándosela consigo al partir. Creían que eso mantendría el continente en paz y que influiría sutilmente en el mundo exterior. Sin embargo, la consciencia de aquellos que se quedaron en las zonas circundantes disminuyó rápidamente. Seres procedentes de Venus intervinieron tratando de invertir la tendencia, pero la oscuridad general del planeta bloqueó su intervención.

Tras muchas discusiones en los Planos Interiores, el Concilio Intergaláctico decidió liberar la calavera maya, en la esperanza de que invirtiese la tendencia descendente en la Tierra y disolviese la energía de la guerra que se cernía sobre el mundo como una ominosa nube.

Así pues, la sobrecogedora calavera maya, que contiene una información tan maravillosa que apenas empezamos a acceder a ella o entenderla, fue liberada en 1927. Anna Mitchell-Hedges era una jovencita que estaba ayudando a su padre, un arqueólogo, a explorar una de las ciudades mayas perdidas en el interior de las selvas húmedas que albergan las antiguas ruinas de Lubaantum, hoy en Belice. Descubrió la calavera debajo de un altar y fue su guardiana hasta que murió. Ahora está a cargo de Bill Homann.

La calavera inca

Thot, más tarde conocido por el nombre de Hermes Trismegisto, era el Sumo Sacerdote que llevó una calavera de cristal desde la Atlántida hasta Perú. Nos enseñó que hay armonía y correspondencia en todo ser viviente del universo, incluyendo el movimiento de los planetas, las mareas y corrientes, los animales, las plantas, los cristales y todo lo demás. El cosmos entero responde a determinadas armonías y combinaciones de notas musicales, que están afinadas en la misma escala. Cuando las notas son correctas, hay perfecto equilibrio y sanación. Sus inmensos y pormenorizados conocimientos están guardados en el seno de la calavera inca de cristal y a su debido tiempo traerán total alineamiento y sanación al mundo natural, los animales y los humanos cuando podamos acceder a ellos y tener la consciencia necesaria para entenderlos y emplearlos.

Cuando los atlantes llegaron a Sudamérica, se convirtieron en los incas, que construyeron el poderoso portal interdimensional de doble dirección de Machu Picchu. Al igual que con los mayas, todos los sacerdotes ascendieron creyendo que habían dejado el portal protegido. Describo los secretos esotéricos de Machu Picchu en la primera de mi trilogía de novelas *The Silent Stones*.

La calavera de cristal de la Atlántida llevada a Perú será encontrada allí antes del 2012 por un grupo de personas, que serán sus fieles guardianas. La reconocerán cuando la encuentren, y, como conocen el impacto de su poder, la mantendrán guardada en lugar seguro y privado y velarán por su carácter sagrado.

Aunque la gente de las inmediaciones no lo sabrá, afectará a la consciencia en todas partes con la sabiduría y la luz que irradie y ayudará a aumentar la energía para el 2012.

Algunas personas sensitivas serán capaces de recoger la luz que emita la calavera y de usar parte de la información espiritual y los conocimientos contenidos en ella.

Después del 2032, gran parte del mundo aplicará la sabiduría de Thot para mantener un perfecto estado de salud y conservar sanos también a sus plantas y animales.

Se han encontrado otras calaveras de cristal, pero no son las atlantes, sino otras creadas por los Magos de la tribu que abandonó la Atlántida para ir a Egipto bajo la guía del Sumo Sacerdote Ra. Estas últimas calaveras están programadas con información que no es tan pura o tan completa como la de las calaveras originales.

En el 2032, seis de las calaveras de cristal originales atlantes habrán aparecido y ejercerán un impacto sutil en la conciencia espiritual del mundo. Es posible meditar sobre estas calaveras y pedir que se te conceda acceso a su información para poder ayudar al mundo.

EJERCICIO

Meditación sobre las calaveras de cristal

1   *Busca un lugar donde puedas estar tranquilo y sin que te molesten.*

2   *Enciende una vela y dedícala a tu visión o al servicio del mundo.*

3   *Durante unos minutos, relaja tu cuerpo con la respiración hasta que te encuentres realmente cómodo.*

4   *Pide establecer contacto con una de las calaveras de cristal y visualiza un filamento plateado que te une a ella.*

5   *Siente tu Tercer Ojo. Tal vez veas colores o notes una sensación, o quizá no adviertas su apertura.*

6   *Tal vez experimentes un ramalazo de intuición o una cómoda sensación de estar conectado a la sabiduría superior. O tal vez la información te llegue más tarde.*

7   *Cuando llegues al final de la meditación, da las gracias a la calavera de cristal.*

8   *Recobra la plena consciencia.*

CAPÍTULO 9

Los doce chakras ascensionales

Abrir los doce chakras es esencial para el viaje hacia la ascensión y la iluminación. Es un preparativo básico para el 2012, para que estés preparado para la gran subida de energía que se producirá en ese momento.

En la Atlántida Dorada teníamos doce chakras, que contenían una luz y una sabiduría muy superiores a las actuales. Cuando estén abiertos, los doce filamentos del ADN empezarán a activarse. Esto nos proporcionará alucinantes dones psíquicos y espirituales que ahora están latentes, esperando a volver con nosotros tan pronto como despertemos, abramos y activemos los doce chakras. Ésta es la razón de que sea tan importante entenderlos y trabajar con ellos de nuevo.

La Estrella de la Tierra

La Estrella de la Tierra es atendida por el arcángel Sandalfón. Está unos treinta centímetros por debajo de tus pies y es de color blanco y negro (yin y yang). Aquí se guarda todo tu potencial, para toda tu vida; de forma parecida a semillas en el suelo. El arcángel Sandalfón las alimenta, pero es tu responsabilidad ayudar en la tarea. Cada vez que caminas por el terreno con los pies descalzos, o paseas por el campo, estás ayudando al desarrollo de este chakra. Cuando lo haces así, las semillas de tus divinas posibilidades también crecen.

Además, la Estrella de la Tierra es la base para tu desarrollo espiritual, así que es sumamente importante consolidar este chakra. Hay dos Ángeles Universales que toman la energía de este centro y la llevan al medio de la Tierra, donde la anclan. Se trata de Roquiel, que es negro y del Divino Femenino, y Gersisa, que es gris y habita en la Tierra Hueca. Anclan la energía de la Estrella de la Tierra al centro de la Tierra. Ambos Ángeles Universales están muy activos ahora, ayudándonos a consolidar estos poderosos cimientos espirituales.

Cuando todos tus demás chakras estén listos, incluido el duodécimo, la Puerta de las Estrellas, tu chakra de la Tierra se encenderá. Sólo entonces podrá tu Puerta de las Estrellas iluminarse y abrirse del todo.

El chakra basal

A nivel pentadimensional, este chakra es de color platino y te vincula a la sabiduría de los delfines. Cuando la kundalini sube y entra en este chakra, tu vida se enraíza con alegría y deleite. Te sientes totalmente a salvo y confías plenamente en que el universo te cuida. El arcángel Gabriel atiende este chakra. Cuando todos tus miedos inferiores son purificados en este centro, así como en el sacral y el umbilical, descubres una nueva claridad y propósito.

El chakra sacral

Este chakra, situado un poco por encima del chakra basal y también a cargo del arcángel Gabriel, es de color rosa claro fluorescente. Está relacionado con la sexualidad transcendente y la expresión del amor tierno y verdadero.

Cuando este chakra se abre a nivel pentadimensional, tus relaciones cambian, pues ya no emites señales de demanda o necesidad, sino que irradias energía superior, segura y cariñosa.

El chakra umbilical

En la quinta dimensión tiene brillo naranja y también es atendido por el arcángel Gabriel. Este chakra expresa una acogida calurosa a toda la gente, sociabilidad y aceptación.

El plexo solar

El plexo solar irradia luz de color oro intenso y transmite paz, sabiduría y la habilidad de tranquilizar y calmar a las personas y las situaciones. El arcángel Uriel mantiene este centro bajo su luz y protección.

El chakra cardíaco

El centro pentadimensional del chakra cardíaco es blanco puro y está al cuidado del arcángel Chamuel. Sólo transmite amor puro, así que ves a todos y a todo con ojos de amor. Gracias a él, conectas con el Corazón Cósmico.

El chakra de la garganta

Cuando este chakra emite su brillo azul real, automáticamente recibes la protección, fortaleza y coraje del arcángel

Miguel. Ahora trabajas con él y portas su capa azul, así como su Espada de la Verdad y su Escudo de Protección, que empleas para ayudar a los demás.

El Tercer Ojo

El ojo que todo lo ve es totalmente transparente en la quinta dimensión, como una bola de cristal, y te ayuda a prepararte para el viaje a la iluminación. El arcángel Rafael te ofrece los dones de la sanación y la abundancia.

El chakra de la coronilla

Ahora llevas en la cabeza la corona de cristal del loto de los mil pétalos, que se abre del todo permitiéndote acceder a la luz de tu alma y alimentar con ella los chakras inferiores. El arcángel Jofiel está a cargo de este centro.

El chakra causal

Este chakra de color blanco puro –que está por encima de la coronilla, un poco más atrás– es por donde entras en el silencio; el arcángel Cristiel cuida de él. Cuando está abierto y receptivo, los seres de los reinos espirituales superiores instilan su orientación y las semillas de su sabiduría en tu consciencia.

La Estrella del Alma

Este chakra trabaja de dos maneras distintas. Primero, el arcángel Zadquiel transmuta el karma ancestral, que es mantenido en la sección inferior. Luego, cuando se abre, el arcángel Mariel impulsa la sabiduría de tu alma, a la que puedes así acceder en tu vida diaria. Este chakra es del color magenta del Divino Femenino.

La Puerta de las Estrellas

El arcángel Metatrón, llamado «Príncipe del Semblante» de Dios porque es el único ángel con permiso para mirar directamente a la divina luz, está a cargo de tu viaje de ascensión. Trabaja con tu chakra Puerta de las Estrellas, que tiene un bello color dorado. Cuando se abre, empiezas a acceder a la luz de la Fuente.

Así como tienes dos Ángeles Universales ayudando a anclar la energía de la Estrella de la Tierra profundamente en el planeta, también tienes otros dos que ayudan a conectar la Puerta de las Estrellas a la Fuente. El primero es Serafina, que es de la frecuencia seráfica. Serafina ayuda a Metatrón a afinar las energías en la Puerta de las Estrellas; luego, empieza a construir la escalera que desciende de la Fuente a la Puerta de las Estrellas. Cuando está acabada, te ayuda a subir por ella. También tiene un chakra en otra dimensión, que es un centro de capacitación intergaláctico, en el que puedes formarte para ser un embajador cósmico de la Tierra si así lo deseas. Butyalil colabora con Metatrón y Serafina para alinear las corrientes cósmicas que mantienen la Tierra en su sitio.

EJERCICIO

Despierta tu Estrella de la Tierra

1   Empieza por plantar firmemente los pies en el suelo ligeramente separados, a la altura de las caderas.

2   Concéntrate en los pies e imagina la energía descendiendo por ellos como si fueran los lados de un triángulo invertido, hasta que se encuentran a unos 30 cm por debajo de la superficie del terreno.

3   Luego, dirige tu atención a los dedos; luego, al costado derecho de los pies; luego, al talón, y finalmente; al costado izquierdo de los pies. Sigue haciendo este suave balanceo hasta que notes que tu Estrella de la Tierra está bien anclada.

4   Luego, pon la mente en tu Estrella de la Tierra. Visualízala como un aposento bajo los pies, un aposento brillante y luminoso.

5   Date cuenta de las semillas de tu potencial que crecen en ese aposento.

6   Aquí se guarda tu kundalini.

7   Debajo hay un vínculo que te une directamente con el centro de la Tierra.

Activar los doce chakras con los colores y ángeles pentadimensionales

Puedes hacerlo formalmente, como hemos explicado antes, pero, cuando te familiarices con los chakras, podrás hacerlo mientras caminas, vas sentado en tren, o en avión, o como pasajero en un coche. Es muy sencillo, y cuanto más a menudo lo haces más anclas, abres y activas tus chakras ascensionales.

1 Enciende una vela si es posible.

2 Siéntate tranquilamente donde nadie te moleste.

3 Concéntrate en tu chakra Estrella de la Tierra blanco y negro, bajo tus pies, y pide al arcángel Sandalfón que conecte contigo. Haz una pausa hasta que notes que está a tu lado. Luego, inspira y expira regularmente tres veces, primero metiendo la energía en el chakra y luego sacándola de él.

4 Concéntrate en tu chakra basal, que es de color platino y está en el hueso púbico, y pide al arcángel Gabriel que conecte contigo. Haz una pausa hasta que notes que está ahí. Luego, inspira y expira regularmente tres veces, primero metiendo la energía en el chakra y luego sacándola de él.

5 Desplaza tu conciencia al chakra sacral de color rosa claro y pide al arcángel Gabriel que entre en él. Luego, inspira y expira regularmente tres veces, primero metiendo la energía en el chakra y luego sacándola de él.

6 Sube a tu chakra umbilical, que es anaranjado fluorescente, e invita al arcángel Gabriel a entrar en él. Luego, inspira y expira regularmente tres veces, primero metiendo la energía en el chakra y luego sacándola de él.

7 Concéntrate en tu plexo solar, que es dorado intenso, e invoca al arcángel Uriel para que retenga la energía de la sabiduría allí. Luego, inspira y expira regularmente tres veces, primero metiendo la energía en el chakra y luego sacándola de él.

8 Sube al chakra cardíaco, de color blanco puro, e invita al arcángel Chamuel a que te despierte al amor puro. Luego, inspira y expira regularmente tres veces, primero metiendo la energía en el chakra y luego sacándola de él.

9 Cuando pases a tu centro de la garganta, que es de color azul real, invoca al arcángel Miguel para que te toque ahí.

Luego, inspira y expira regularmente tres veces, primero metiendo la energía en el chakra y luego sacándola de él.

10 Concéntrate en tu Tercer Ojo, que es como un cristal transparente, y deja que el arcángel Rafael te asista ahí. Luego. inspira y expira regularmente tres veces, primero metiendo la energía en el chakra y luego sacándola de él.

11 Deja que tu consciencia atienda a tu coronilla. Sé consciente del arcángel Jofiel, el ángel de sabiduría, que está abriendo el chakra. Luego, inspira y expira regularmente tres veces, primero metiendo la energía en este chakra como un cristal transparente y luego sacándola de él.

12 Ahora estás activando tus chakras transcendentes por encima de la cabeza, así que sé consciente de tu chakra causal de color blanco puro y deja que el arcángel Cristiel te ayude. Luego, inspira y expira tres veces, primero metiendo la energía en el chakra y luego sacándola de él.

13 Un poco más arriba está tu chakra Estrella del Alma, que es rosa magenta. Sé consciente del arcángel Mariel, que trabaja contigo, y luego inspira y expira tres veces, primero metiendo la energía en el chakra y luego sacándola de él.

14 Es hora de moverse a tu Puerta de las Estrellas, que es como una bola de luz dorada. Invoca al arcángel Metatrón y siéntelo expandiendo este último chakra. Luego, inspira y expira tres veces, primero metiendo la energía en el chakra y luego sacándola de él.

15 Da las gracias a los arcángeles por su ayuda al activar tus chakras y abre los ojos.

CAPÍTULO 10

Lemuria y Mu

Mu

Mucha gente habla de Mu refiriéndose a Lemuria y cree que el nombre es una abreviatura. Sin embargo, Mu era una civilización anterior a Lemuria, aunque también centrada en el océano Pacífico. La consciencia de los habitantes de esta isla o continente desaparecido era tetradimensional o pentadimensional, y ellos no estaban materializados, así que no quedan restos de ningún tipo. Cuidaban de los árboles y las plantas en general y también trabajaban con cristales, pero mucho menos que los lemurianos.

La población de Mu no estaba tan evolucionada como la civilización que la sucedió. Eran felices de vivir aquí en la Tierra y experimentarla, de conectar con los animales y tocar la materialidad de este plano, pero carecían del ardiente deseo de sanar la Tierra de los lemurianos.

Lemuria

La energía lemuriana era más fuerte en Australia y Nueva Zelanda, Hawái y las islas polinesias, parte de Alaska y el nordeste de África. En África puede encontrarse un poco de

Lemuria en Marruecos y parte de Guinea. Mauritania, Argelia, Malí y Senegal eran plenamente lemurianas.

Como extraían luz directamente de los cuatro planetas ascensionales, Sirio, Orión, las Pléyades y Neptuno, la energía de los lemurianos era muy pura e inocente y sanaba las áreas con las que estaban relacionados. Cada uno de estas estrellas, constelaciones y planetas estaba ligado a una parte diferente del mundo, y estos lugares eran «poblados» por lemurianos, que no estaban del todo materializados. A pesar de todo, les afectaban la gente y la tierra de dichos lugares.

Los lemurianos eran seres pentadimensionales, aunque no moraban constantemente en sus cuerpos físicos como nos ocurre a nosotros. Eran muy altos y esbeltos, rubios y de ojos azules.

Como eran más etéreos que físicos, su consciencia estaba orientada a las dimensiones espirituales. Eran andróginos, carecían de sexualidad y estaban completos en sí mismos. Los lemurianos eran unos seres armoniosos y pacíficos, con corazones abiertos que les permitían expresar amor incondicional a la divinidad y a toda la creación. Su gran talento era la sanación de la Tierra, y también programaban cristales con amor incondicional y conexiones cósmicas. Algunos de estos cristales dentro de la Tierra son Guardianes del Registro y también forman parrillas cósmicas, vinculando al planeta Tierra con las estrellas.

Estaban íntimamente conectados a la tierra física y la amaban, así que recuperar tu sabiduría lemuriana implica tocar el suelo, caminando descalzo y percibiendo y disfrutando el tacto de la tierra bajo tus pies. Los lemurianos estaban también muy compenetrados con el reino elemental.

La sanación en Lemuria

Se nos dice que es importante ahora activar a cualquiera que haya estado en Lemuria para que pueda manifestar sus dotes terapéuticas. En este momento ese tipo de sanación es necesaria para solucionar los errores en la Tierra.

En Lemuria la sanación la realizaban siempre dos o más personas. Como todas las energías, la lemuriana se puede emplear para hacer el bien o para hacer el mal, razón por la cual se pide a los que proceden de la antigua Lemuria que conecten con los unicornios, porque sólo trabajarán con personas que usen la energía correctamente. Aunque no es, según Kumeka, una garantía absoluta, este poder curativo especial puede usarse ahora sin comprender cómo funciona, como el Reiki.

A nivel individual, se puede programar un cristal y orientarlo a limpiar todos los demás cristales de la Tierra, especialmente en África; pero no es tan eficaz como cuando se hace en grupo.

La liberación de Neptuno para traer la sanación lemuriana

Cuando la Atlántida se hundió, hubo una ola de terror, que fue llevada a Neptuno y mantenida en el hielo allí. Además, en tiempos de Cristo, Neptuno fue apartado de los otros cuatro planetas ascensionales, Orión, Sirio y las Pléyades. Esto impidió que la sabiduría de la Atlántida sobreviviese, así como la sabiduría y el poder sanador de Lemuria. A consecuencia de las oraciones y la meditación de muchas personas comprometidas, iniciada por los profesores de la Escuela Diana Cooper de Ángeles y Ascensión (que está en el Reino Unido), a quienes se lo pidió así un espíritu, dado que están plenamente cualificados, Neptuno se ha desbloqueado y se ha vuelto a conectar del todo una vez más. La conexión final se efectuó durante una gloriosa ceremonia en Irlanda, tras la cual los profesores llevaron agua bendita de la celebración al gran portal de Tara, que está vinculado a Neptuno. Ahora podemos traer la sanación lemuriana directamente desde Neptuno. Es especialmente poderosa en los portales y lugares sagrados que están conectados con ese glorioso planeta azul sanador de elevada espiritualidad.

La energía curativa lemuriana tiene diez veces el poder del Reiki.

Si quieres practicar la sanación lemuriana, necesitas recibir alguna formación o hacer prácticas para trabajar de forma cooperativa y sin un líder. Debe hacerse en grupo, que actúa como uno solo.

Esta energía se empleaba siempre para sanar la Tierra, pero puede aplicarse a las personas. Sin embargo, es una terapia muy poderosa, así que hay que practicarla con suma prudencia.

La sanación lemuriana es muy importante y tiene que empezar a ocurrir antes del 2012 para poder ayudar al planeta.

Si deseas formar un grupo de sanación lemuriana, éstos son los pasos que debes dar:

~ comprueba si has vivido en Lemuria, ya sea prestando oído a tu intuición o consultando a un médium;

~ ve a un buen vidente para asegurarte de que tus niveles de energía son adecuados para esta labor;

~ pide al universo que te traiga a otras personas que estén a un nivel similar al tuyo.

La sanación

1 Afirmad que, mientras el grupo esté unido, mantendréis la luz lemuriana.
2 Conectad con los unicornios y rendíos a su energía.
3 Sabed que, cuando trabajáis como una unidad, estáis todos conectados. Cuando os separáis, automáticamente os desconectáis.
4 El grupo recibirá un mensaje colectivo sobre la sanación que vais a enviar. Ningún individuo toma el mando. Todos os convertís en uno.
5 Juntos, concentrad vuestra energía curativa en un sitio en particular, según la orientación que se os haya dado.
6 Dad las gracias a los unicornios.
7 Abrid los ojos y regresad a la habitación.

PARTE 2

El período de transición

2012-2032

CAPÍTULO 11

Economía mundial

Durante mucho tiempo, el sistema financiero mundial ha sido como un tronco podrido. Cuando los que estaban sentados encima de él se cayeron al suelo, trataron de volver a trepar por él con dificultad, trataron de encaramarse al mismo tronco que se caía a pedazos, en lugar de buscar uno nuevo y sano.

En el 2007 comenzó la crisis bancaria y crediticia, con hundimiento de bancos y empresas que iban a la quiebra. Todo ese sistema basado en la codicia, el juego, la corrupción y el pisoteo de los pobres no podía continuar. En conformidad exactamente con la línea cronológica prevista en el calendario maya, la estructura económica entera empezó a tambalearse.

Dentro de veinte años, el concepto de prestar un dinero inexistente y cargar interés por él se considerará asombrosamente arrogante y corrupto. El principio de ricos y pobres será inimaginable. No habrá bancos ni instituciones financieras.

La forma de operar de los bancos, las instituciones financieras y muchas empresas no está alineada con el bien supremo y debe adaptarse al nuevo paradigma.

Las economías se están hundiendo porque es como si la frecuencia del planeta hubiera metido una marcha superior, espiritualmente hablando, y los engranajes de lo viejo y lo nuevo ya no estuvieran sincronizados. Para que se sincronicen de nuevo, la economía mundial debe aumentar de frecuencia; en otras palabras, debe operar con más honor, franqueza, honestidad e imparcialidad.

El sistema seguirá desplomándose y evolucionando hasta que se instaure una estructura económica basada en la justicia y la integridad. Luego, esta estructura también se disolverá pues el dinero dejará de tener importancia después del 2032.

Despidos o desempleo

En los individuos cuyo trabajo no les permite expresar su verdad suprema, sus almas les están urgiendo a cambiar de ocupación. Esto está sucediendo ahora en masa, coincidiendo con el aumento de frecuencia de muchos y con el hundimiento de las economías. Sin embargo, nada ocurre por casualidad, así que los despidos o el paro son una llamada de atención para todos los afectados: les está instando a buscar una forma de ganarse la vida que esté alineada con su alma y les aporte satisfacción. Aquellos que aumenten de frecuencia y sintonicen con las energías superiores disponibles encontrarán el trabajo de sus sueños, que les llegará automáticamente por la Ley de la Atracción.

En el 2032, la mayor parte de los que vivan en comunidades pentadimensionales se dedicarán a ocupaciones que honren y respeten sus dones y talentos. Por primera vez desde la Atlántida Dorada, la mayoría de la gente tendrá satisfacción del alma en su vida diaria.

El comercio después del 2032

Durante la transición de veinte años, las dificultades para viajar en las nuevas condiciones harán que ya no sea económicamente viable o sostenible exportar alimentos o mercancías alrededor del mundo. Los agricultores y granjeros cultivarán las tierras para abastecer el consumo local, de modo que las vastas superficies agrícolas dedicadas a monocultivos serán cosa del pasado.

Algunas de estas economías, que dependen por completo de las exportaciones, tendrán que ser más flexibles y buscar fortaleza interior.

Basándonos en los actuales pronósticos, en el 2032 el mundo, tal como lo conocemos, habrá acabado, pues habrá cambiado tanto que estará irreconocible. Ya no volverá a haber comercio internacional.

Las nuevas energías disponibles ofrecerán enormes oportunidades para el desarrollo espiritual; así que muchos más de esos países cuyas finanzas se basan en este momento en la exportación descubrirán que sus habitantes están buscando enriquecimiento espiritual, no material. A causa de esto, automáticamente atraerán a sus frecuencias superiores toda la abundancia que necesiten.

Como la mayoría en el mundo estará viviendo en la quinta dimensión, las comunidades cooperarán para producir los mejores alimentos y los compartirán, así que no habrá necesidad de dinero: se intercambiarán productos localmente.

Las grandes empresas

Son los dinosaurios de nuestro tiempo. A media que cambie la escala de valores del mundo de las finanzas y los negocios, las grandes multinacionales seguirán desplomándose. Las empresas que eran famosas sólo vivirán en el recuerdo en el año 2032. Todos los negocios en los que se explota a la gente, a los animales o la tierra desaparecerán. Las grandes superficies comerciales serán cosa del pasado.

Sólo sobrevivirán aquellas empresas que se acomoden al cambio de frecuencia del planeta y operen por el bien supremo, aunque su modus operandi será muy distinto del actual.

El nuevo paradigma de los negocios

Se basa en crear o producir por el bien supremo de la comunidad y del planeta. Como la mayoría de la gente vivirá a nivel pentadimensional, se hará énfasis en la cooperación, viendo lo mejor en los demás y empoderándolos; se buscará la excelencia y cada persona contribuirá de una manera tal que su corazón rebosará de alegría.

Aquellos negocios que honren a todos los implicados y promuevan activamente el bien de los animales, el reino de la Naturaleza y la humanidad continuarán teniendo éxito durante el período de transición.

Cooperación internacional

Pronto las personas ricas ya no se sentirán capaces de quedarse cómodamente sentadas permitiendo que niños o adultos trabajen en fábricas donde se les explota, o por un salario de esclavos, para proporcionarles bienes materiales. Impulsado por el pueblo, habrá un vasto movimiento de los países ricos para ayudar a los que son menos afortunados, y esto ayudará a equilibrar la enorme división en todo el mundo.

En el 2022 habrá una enorme cooperación internacional en muchos frentes y las condiciones laborales inhumanas ya no serán toleradas.

EJERCICIO

Visualización de la armonía mundial

1   *Siéntate tranquilamente donde puedas relajarte en paz.*

2   *Cierra los ojos y respira profundamente.*

3   *Pide a los ángeles que te ayuden a alinearte armónicamente con el trabajo que satisfará a tu alma.*

4   *Imagínate a ti mismo realizando un trabajo que realmente te satisface. Puede ser algo totalmente diferente de tu profesión actual. Siéntete feliz, bien recompensado y apreciado.*

5   *Comunica ese sentimiento a todas las personas que conoces e imagínalas felices en sus trabajos.*

6   *Ahora visualiza a todos los habitantes del mundo en armonía con sus vidas cotidianas. Contémplalos cantando en sus despachos, en los campos o dondequiera que estén.*

7   *Luego, abre los ojos y sonríe.*

CAPÍTULO 12

Suministro energético y viajes

Electricidad

Cuando la frecuencia de la gente aumente en el 2012, causará graves trastornos en la electricidad. ¡Haz copias de seguridad de todos tus archivos informáticos!

Cuando un individuo da un salto de consciencia, el cambio de frecuencia afecta a sus aparatos eléctricos, que se vuelven locos. Con frecuencia he oído a personas quejarse de que, después de leer libros espirituales o acudir a talleres de espiritualidad o emprender una práctica espiritual de algún tipo, ¡tenían que reemplazar sus televisores, tostadoras y demás electrodomésticos, incluso las bombillas!

Más adelante, cuando la electricidad se encarezca y sea un bien escaso, habrá apagones y cortes de suministro en muchos sitios. Pero aprenderemos a cooperar y a compartir los recursos; por ejemplo, dando prioridad a edificios como los hospitales.

Petróleo y gasolina

En el 2012, los recursos disponibles de petróleo y gasolina se habrán agotado. Todavía quedarán bolsas bajo los mares, pero son necesarias para la lubricación de las placas tectónicas. El Ángel Universal Julio, que está a cargo de los océanos, no permitirá que eso ocurra.

Algunas personas me han enviado mensajes por correo electrónico con información sobre el petróleo, diciéndome que seguirá siendo accesible después del 2012. Sin embargo, mi guía personal reitera lo dicho antes. Nos veremos obligados a vivir de las reservas.

Cuando las reservas disminuyan, los viajes se harán mucho más caros y se habilitarán en las ciudades vías de circulación exclusivamente para bicicletas. Será más seguro y más fácil desplazarse de un sitio a otro pedaleando. Los automóviles de gasolina ya no serán viables, por lo que se desarrollarán formas ecológicas de propulsar los vehículos. Mucha más gente viajará en transporte público, especialmente en barco y en tren.

En el 2032 muy pocas personas podrán viajar en avión. Sin embargo, poco después del 2032 se habilitarán nuevos medios de transporte rápidos, limpios y ecológicos que aún no somos capaces de prever.

Fuentes de energía ecológicas

En todo el mundo se van a buscar fuentes de energía alternativas en la Naturaleza; para ello haremos uso del agua, los rayos, el sol y el viento. Como es natural, seguiremos quemando carbón y madera, pero la gente estará cada vez más concienciada de que son recursos limitados, así como de la importancia de los árboles, por lo que tales prácticas serán menos aceptables. Desgraciadamente, nos hemos acostumbrado a usar plásticos y otros derivados del petróleo prácticamente para casi todo. Muchos países ya están reduciendo el uso de las bolsas de polietileno, pero eso es sólo una gota en el mar. Tendremos que acostumbrarnos de nuevo a las viejas costumbres, construyendo y manipulando muchas cosas, hasta que desarrollemos métodos nuevos y ecológicos.

Más tecnólogos colaborarán consciente e inconscientemente con los ángeles y otros seres superiores para impulsar nuevas formas de energía ecológicas. Entre otras cosas, se experimentará con cristales, con el magnetismo terrestre, con el poder de las pirámides y con la energía de las plantas.

Acabaremos siendo capaces de extraer la energía de los océanos para uso y disfrute de todos los habitantes del planeta, pero antes se tiene que alcanzar la paz internacional.

Y en el 2032 seremos más capaces de influir en el tiempo, sobre todo en la pluviosidad. Pero para ello también necesitaremos mucha consciencia superior y mucha cooperación y amistad internacional.

Las personas viviremos en comunidades más pequeñas, la vida será mucho más simple y valoraremos los limitados recursos del planeta. Este cambio de consciencia posibilitará que llegue lo nuevo. Poco después del 2032, si se descubren tal como está previsto, podremos hacer uso de fuentes de energía que hoy por hoy no podemos ni imaginar, y que no serán de ningún modo dañinas para nuestro planeta.

Energía nuclear

Las centrales nucleares van a seguir construyéndose, y pueden producirse accidentes. Sería muy conveniente que todo el mundo se mantuviera conectado con ellas en la luz.

Viajes

La gente siempre ha querido viajar. Este deseo de ampliar los propios horizontes visitando otras partes del mundo es inherente a muchas almas. Sin embargo, los medios de transporte rápidos estarán mucho menos disponibles, así que volverán a emplearse formas de viajar arriesgadas. Trenes y barcos, bicicletas y el caminar volverán a ser formas de locomoción populares. Por una parte, los viajes serán más fáciles porque las fronteras internacionales serán mucho más permeables; por la otra, la escasez de combustible limitará las posibilidades de viajar hasta que comience lo nuevo en el 2032.

Los viajes después del 2032

Poco después de esto, los individuos podrán desplazarse en sus propios minihelicópteros. Las distancias se cubrirán a toda velocidad en grandes naves de transporte aéreo y aerodeslizadores. La gente se reirá al recordar nuestros anticuados motores de combustión interna.

Mi tía nació en 1911 y vivió durante cerca de noventa años. Me dijo que de niña viajó a lomos de caballo y en carro. Durante su vida posterior fue transportada en bicicleta, coche y avión de reacción. Vio cohetes espaciales en la televisión que llevaban aeronautas hacia lo desconocido. ¡Pero la diferencia entre el caballo y los cohetes espaciales en un siglo parecerá insignificante en comparación con los avances que vamos a hacer en los modos de viajar durante los próximos veinticinco años!

Presta atención a lo que consumes

Durante veinticuatro horas, presta más atención incluso de la habitual a los recursos planetarios que usas; bendícelos constantemente y da gracias por todos ellos. Por ejemplo, sé consciente de la electricidad que consumes, fíjate en el lugar de procedencia de la comida que compras y vigila la cantidad de agua que usas.

CAPÍTULO 13

Limpieza del planeta

Periódicamente, a lo largo de toda la historia, partes del planeta han sido purgadas de energías negativas cuando algo nuevo y de frecuencia más elevada debía evolucionar allí. Los lugares más puros son siempre aquellos en donde ha habido hielo y nieve durante mucho tiempo. Antes de que apareciera la Atlántida Dorada hubo una glaciación que purificó la tierra. Se ha pronosticado que tendrá lugar otra dentro de unos trescientos años.

Basándonos en la consciencia actual, en el 2017 la Madre Tierra iniciará un programa intensivo de desintoxicación para librarse de la negatividad creada por los venenos físicos y emocionales que los humanos hemos vertido sobre ella.

Entre el 2012 y el 2032 todos los lugares oscuros del planeta van a ser limpiados, de modo que la Tierra pueda subir su frecuencia y ascender para ocupar de nuevo el puesto que le corresponde en el universo. Cuanta más luz aportemos los humanos a la Tierra, menos purificación será necesaria. Está en nuestra mano cambiar todas las posibilidades mediante una transición suave.

El agua tiene propiedades limpiadoras cósmicas y fue el medio escogido para lavar Nueva Orleans, donde hasta la

Tierra conserva grabado el dolor, la cólera y el miedo de la esclavitud. En este caso las inundaciones del mes de agosto del 2005 fueron también un recordatorio de que todos somos iguales a los ojos de Dios.

Cuando la limpieza tenga lugar, humanamente consideraremos horrible la destrucción; pero abrirá los corazones de todo el mundo.

La gente empezará a apreciar los rasgos de humanidad que la unen antes que fijarse en las diferencias culturales.

Países anteriormente en guerra estarán llenos de compasión por sus vecinos y brindarán su ayuda por el bien superior. Las fronteras internacionales se relajarán a medida que la gente coopere y se entienda entre sí.

El tsunami del océano Índico fue asimismo un vasto y doloroso acto de purificación y en mi libro *Respuestas de los ángeles: lo que los ángeles me dijeron*[1] explico cómo el Concilio Intergaláctico empezó a planificarlo con bastante antelación. Se emitió una invitación cósmica por todos los universos a que las almas se reencarnasen en una misión de limpieza y sanación en la Tierra. Millares reconocieron la gran oportunidad de servicio común y promoción espiritual y respondieron a la llamada. Como es natural, tan pronto como se encarnaron y se sometieron al velo de la amnesia olvidaron su objetivo: pero, en el momento predestinado del 26 de diciembre del 2004, se congregaron en puntos específicos. Estas almas especiales accedieron a prestarnos sus campos energéticos para empapar en ellos la negatividad de la lujuria,

---

1   Barcelona: Obelisco, 2009.

la codicia, las luchas por el poder, la consciencia de pobreza, etcétera, etcétera, contenidas en la Tierra. Y aquel día el tsunami las llevó a todas juntas a la luz, y con ellas se fueron muchas de las toxinas que envenenaban la Tierra. Cada una recibió una recompensa espiritual. Sólo murieron aquellas que habían accedido a nivel del alma a fallecer en la «catástrofe», y había millones de ángeles esperando para darles la bienvenida con gran alegría y deleite.

Al igual que pasa con todos los grandes desastres, el resto del mundo abrió su corazón con compasión, amor, empatía y el deseo de ayudar. Aquellos cuyas vidas dieron un vuelco con la pérdida de seres queridos, o de su sustento o su casa, aprendieron lecciones, pagaron karma o se les ofreció una oportunidad de mostrar coraje, generosidad, espíritu de cooperación, ayuda a los demás y un centenar de cualidades más.

Resulta útil entender la perspectiva espiritual, pero evidentemente eso no mitiga la pena y el dolor de los que perdieron a alguien. Las sentidas plegarias de las masas de todo el mundo en respuesta a los traumas serán escuchadas y traerán asistencia, consuelo e intercesión de los reinos celestiales. Y mientras la Tierra se somete a su crisis de sanación, necesitamos rezar constantemente por el planeta, la Naturaleza, el reino animal y todos los seres humanos.

Se espera que el índice de desastres naturales se mantenga, incluso que se intensifique, sobre todo entre el 2017 y el 2022. Ocurrirán en los lugares previstos pero también en muchos otros inesperados. La limpieza se realizará en todo el mundo.

La Madre Tierra se valdrá de terremotos, inundaciones, incendios, erupciones volcánicas, huracanes y otros desastres naturales para limpiarse y atraer nuestra atención a los sistemas que hay que cambiar. Incluso las epidemias pueden utilizarse para la limpieza, pues los enfermos absorben la energía de la enfermedad así como parte del miedo de la región. Aquellos que tienen un contrato del alma para fallecer y dirigirse a la luz se llevan la negatividad con ellos a los reinos superiores para su transmutación.

Si el suficiente número de personas ha despertado sus doce chakras para que la energía de la Fuente se derrame a través de ellos sobre la Tierra para sanarla, hará falta menos limpieza por las fuerzas de la Naturaleza. También puedes colaborar en la sanación del planeta trabajando con los seres elementales.

De las cenizas de la antigua surgirá una nueva manera de ser como un ave fénix dorada.

Cómo asegurarte de estar en el sitio adecuado cuando se produzca la limpieza

El arcángel Metatrón, el más poderoso de los ángeles, ha emprendido la tarea de garantizar que todo el mundo esté en su lugar predestinado durante los cambios.

Algunos individuos, familias, comunidades o grupos de almas pueden haber decidido fallecer juntos, como mariposas saliendo de sus capullos y volando hacia la luz. Metatrón les ayudará a estar en el sitio apropiado para que esto ocurra.

Sólo se resistirán aquellos que tienen miedo a la muerte, o no entienden la alegría de estar en la luz, o sólo pueden verlo desde una actitud humana. Los ángeles nos aseguran que no hay nada que temer.

Una amiga mía que tiene ochenta y muchos años ha visto morir a muchos de su grupo de edad y más jóvenes. Siempre les dice a los parientes: «¡Qué suerte la de él! ¡Pobrecito tú!». Es muy evolucionada y reconoce que, mientras estamos aquí en la Tierra, somos como pájaros en una jaula. Cuando nuestro espíritu es liberado al morir, es cuando somos realmente libres.

Si tu alma ha decidido que permanezcas en tu cuerpo físico para ayudar a otros o proseguir tu experiencia vital, entonces el arcángel Metatrón te guiará. ¡No dejes de escuchar sus consejos!

El mero hecho de leer este párrafo ya te ayuda a sintonizar con él.

Puedes rezarle para que te ayude a seguir sus consejos sobre el modo de estar en el lugar adecuado y en el momento adecuado, o puedes conectar activamente con el arcángel Metatrón para que te ayude a oír su mensaje. Cuanto más a menudo lo practiques, más fuerte se hará el vínculo con él, aun cuando no seas consciente de ello.

EJERCICIO

Conectar con el arcángel Metatrón

1   *Busca un lugar tranquilo, donde no te molesten.*
2   *Siéntate relajado y con las palmas de las manos hacia arriba, en posición receptiva.*

3   *Al inspirar, absorbes una bella luz naranja, el color de Metatrón, y al espirar sientes cómo tu aura se llena de esta energía.*

4   *Relájate y visualiza la luz naranja envolviéndote.*

5   *Invoca a Metatrón con estas palabras: «Ahora invoco al poderoso Metatrón para que conecte conmigo y me toque con su luz».*

6   *Permanece inmóvil y en silencio. Puedes notar un toque, una impresión, pensamientos especiales o susurros, o simplemente sentir calma.*

7   *Cuando creas que ha llegado el momento, da las gracias al arcángel Metatrón y abre los ojos.*

⟨∞⟩

CAPÍTULO 14

Cambios meteorológicos en todo el mundo

En todo el mundo las pautas del tiempo están cambiando, tendencia que será más marcada después del 2012. Entre el 2017 y el 2022 está previsto que el tiempo en todo el mundo sea inestable, coincidiendo con más terremotos e inundaciones. Después del 2022, los desastres cesarán y habrá calma. Colectivamente, entre todos, tenemos el poder necesario para cambiar los pronósticos. Si la suficiente cantidad de gente trae la luz, juntos podemos convertir un huracán en una simple brisa.

Europa

Si el actual estado de consciencia colectivo se mantiene, habrá muchas inundaciones en Europa; en su mayor parte donde hay poca altura sobre el nivel del mar; ya se esperan en muchas partes. A menos que la gente que vive allí haga determinados esfuerzos para aumentar su frecuencia y traer luz de sanación a su través, la mayoría de estos lugares estará bajo el agua para el 2022. Sin embargo, áreas que nunca se habían inundado antes serán entonces vulnerables mientras la purificación continúa.

También habrá terremotos y otros desastres –especialmente erupciones volcánicas– en lugares inesperados. Además, se producirán temporales, huracanes e incendios forestales peores de lo que hemos experimentado hasta ahora.

Australia

En extraña oposición, unas partes de Australia se volverán mucho más calientes mientras otras partes se inundarán. Habrá enormes áreas inhabitables: muchas más de las que hay en el presente, pero todo esto cambiará después del 2027.

El subcontinente indio

Siempre ha habido inundaciones en partes del subcontinente indio, tendencia que continuará e incluso se agudizará.

África

Como en Europa, habrá inundaciones, erupciones volcánicas, temporales e incendios forestales esperados e inesperados. Las condiciones climatológicas se harán aquí más extremas que en ningún otro sitio.

Rusia

Se fundirá muchísima nieve en las vastas regiones frías y eso provocará inundaciones.

Israel, Irak e Irán

Hay mucha limpieza que hacer en estos países, como en todas las áreas del mundo devastadas por la guerra. Se producirán terremotos mientras la Madre Tierra libera la energía de la crueldad y la inhumanidad. Eso hará que los líderes se abran a la compasión y la comprensión. Irak es particularmente oscuro y podría haber una terrible devastación, a menos que las suficientes personas evolucionen para sanar la tierra y mantener el país en la luz.

China y Japón

Ambos países pueden hacerse a la idea de que serán sometidos a limpieza por medio de terremotos e inundaciones.

La próxima glaciación

Otra glaciación cubrirá el planeta aproximadamente dentro de trescientos años, a fin de purificarlo y devolverlo a un nivel superior.

Cambio polar

No se espera que ocurra en los próximos cien años.

EJERCICIO

Visualización del tiempo meteorológico

¿Alguna vez has estado sentado al aire libre en un día gris, nublado y lluvioso, has visualizado un claro y luego ha salido el sol? ¿Te has concentrado profundamente en la formación de una nube y luego ha llovido? Pues ocurre de verdad; son los poderes de la mente que todos tenemos.

A medida que el tiempo se haga más extremo en todas partes, será muy útil que la gente haga esto por el bien supremo.

Puedes hacerlo a cubierto o al aire libre; lo importante es que puedas relajar tu cuerpo pero mantener la mente concentrada. Hazlo si oyes hablar de sequía en alguna parte del mundo donde la gente está desesperada por que llueva y el agua riegue sus cultivos o para ayudar a desecar las inundaciones.

1 *Siéntate tranquilo y relaja todo tu cuerpo; concentra la energía de la respiración en las partes que estén tensas.*

2 *Imagina una suave luz de color entre blanco y violeta que llena tu mente.*

3 *Piensa en el lugar que quieres ayudar.*

4 *Luego, tan vívida y claramente como te sea posible, imagina el cielo azul apareciendo y la inundación evaporándose, o una negra nube de tormenta formándose y dando paso a la lluvia sobre los campos o los jardines resecos.*

5 *Cuando hayas terminado, agradece a los ángeles el ocasionar esto por el bien supremo. Haciéndolo así, estarás ofreciendo un acto de gracia.*

6 *Abre los ojos.*

CAPÍTULO 15

Pronósticos para Asia

Afganistán

Las tropas occidentales ya habrán salido de Afganistán en el 2012, pero seguirá habiendo graves problemas en el país. Sin embargo, cuando encuentre su auténtica energía anímica, será extraordinario. Se acercará a la pacificación en el 2032.

Las montañas de Afganistán son famosas desde hace mucho por sus depósitos de lapislázuli de alta calidad, una piedra que encierra la antigua sabiduría y está relacionada con el Tercer Ojo. También se encuentran allí magníficas esmeraldas; son la energía concretada del arcángel Rafael, que está impulsando la abundancia, la sanación y la clarificación del Tercer Ojo. Muchos otros cristales y piedras preciosas están incrustados en las rocas de Afganistán, manteniendo la frecuencia del país para que, cuando finalmente despierte, surja allí una Ciudad Dorada.

Afganistán es el chakra del Tercer Ojo de nuestro planeta, que es el ojo que todo lo ve de la iluminación. A medida que haya más gente iluminada, contribuirá a llevar la sabiduría y la paz a este país. Con el tiempo, Afganistán desempeñará un papel importante a la hora de traer la luz al mundo entero.

Tengo una historia personal que contar sobre Afganistán, porque nací en Paquistán y, cuando mi madre estaba embarazada de mí, de seis meses, ella, mi padre y un amigo decidieron hacer una excursión de un día por el paso de Jaibar, el punto de unión entre Paquistán y Afganistán. Era famoso por su magnificencia y belleza, pero incluso en aquella época era un lugar peligroso de visitar. Se decía que las tribus locales asesinaban a todo el que encontrasen allí después de oscurecido.

Por desgracia, las montañas resultaron excesivas para el cochecito de mis padres y la bomba de la gasolina decidió escacharrarse justo al anochecer. En tan desesperada situación mi madre, que era la más bajita, tuvo que tumbarse de tripa sobre el capó medio abierto, aplastándome, para accionar a mano la bomba durante todo el camino de regreso. ¡Siempre he sentido que tengo un vínculo con Afganistán!

China

Se espera que China haya cambiado profundamente en el 2032. El terremoto del 2008 hizo posible que los chinos aceptaran la ayuda del resto del mundo. También abrió los corazones de este pueblo, colectivamente, a las familias de las víctimas y a los privados de algún ser querido. Y en los próximos veinte años habrá una transformación masiva, provocada en gran medida por la tragedia, pues la nación se verá asolada por más desastres naturales.

Como las culturas orientales y occidentales son tan diferentes, los chinos creen que son espirituales mientras que Occidente no lo es. A medida que avance ese período de veinte años, como en el resto del mundo, Occidente sufrirá traumas que harán que la gente colabore entre sí en lugar de dejarse arrastrar sólo por el deseo de poder y riquezas materiales. Entonces Oriente empezará a considerar a los occidentales como personas espirituales.

Un gran porcentaje de la población china empezará a ver espíritus y ángeles, de modo que empezarán a hacer preguntas. Incluso a los escépticos más intransigentes les será difícil negar la presencia de los espíritus cuando puedan verlos y comunicarse con ellos.

Esto abrirá el hemisferio derecho de sus cerebros, su aspecto creativo, intuitivo, expansivo y espiritual, y ofrecerá a cada individuo la oportunidad de establecer su propia conexión personal con la Fuente. Como nación, todos sus puntos de vista sobre la vida se transformarán.

Actualmente hay muchos lugares sagrados y portales muy poderosos que no están aún activados. Cuando la gente despierte espiritualmente, estos lugares se reencenderán y los portales se abrirán. La luz que los invade tocará sus corazones y abrirá los chakras trascendentes de las masas. Esto tendrá un enorme impacto en el país entero.

Dentro de veinte años los generales se irán y serán sustituidos por un sistema que mi guía Kumeka denomina «Amor en Comunidad». Cada comunidad será autónoma y estará gobernada por los líderes locales con integridad y por el bien supremo. La gente se sentirá a salvo.

Habrá mucha más libertad para las masas, que aprenderán a honrar el Divino Femenino. Esto se traducirá en una actitud de respetar y honrar a las mujeres.

Cuando la gente se sienta más en sintonía con el mundo, más segura y más confiada, estará preparada para defender sus derechos y al mismo tiempo compartir con los demás y cooperar entre sí. Tratarán a todos los animales, pero especialmente a los perros, de una forma más humana, y empezarán a valorarlos como a almas evolucionadas que siguen su propio camino.

Una vez más, la influencia del Divino Femenino de Kuan Yin se dejará sentir y China, al igual que Japón, volverá a comprender a todos los seres elementales, especialmente a los dragones. Después del 2032, cuando las energías superiores vuelvan a inundar el planeta, el pueblo chino se abrirá a su verdadera sabiduría y todo ese vasto país se llenará de luz.

Japón

Japón, como China, cree que Occidente no es espiritual, pero cambiará de parecer cuando el mundo entero trabaje junto haciendo frente a los desastres naturales. Los japoneses también abrirán sus corazones y expandirán su consciencia para abrazar un universo más vasto.

Japón, China y gran parte de Oriente tienen una conexión muy estrecha con la energía dragoniana. Los dragones son seres elementales tetradimensionales que pueden ayudarnos enormemente si nos abrimos a ellos. Cuando se produzcan los cambios en su mundo, la gente de Japón reconectará con los elementales dragonianos una vez más, y eso la ayudará a sobreponerse a sus problemas y a abrirse a las dimensiones espirituales superiores. Al mismo tiempo, la influencia del Divino Femenino de Kuan Yin rodeará a la gente, tal como hizo en tiempos pasados.

La India

Está previsto que el progreso aquí sea lento, pero habrá paz dentro de los próximos veinte años. Actualmente la India ha perdido su alma y, debido a esto, sus gentes se han empobrecido física y materialmente. Cuando recuperen su conexión espiritual, atraerán la abundancia otra vez. Las mujeres serán honradas, el sistema de castas se disolverá y la luz de la India y su pueblo volverá a brillar.

Muchas almas procedentes de Sirio se han encarnado en la India durante los pasados veinte años. Traen consigo muchos conocimientos tecnológicos y mentes abiertas a nuevas y superiores formas de crear cosas. A medida que la frecuencia de este país suba poco a poco, sus habitantes serán más capaces de acceder a mucha de la información científica que hace progresar al mundo. Muchos de estos científicos se convertirán en profesores itinerantes, ayudando a difundir los nuevos conocimientos y avances en una época en la que viajar será más difícil.

Hay un vasto portal en Agra, en donde se construyó el Taj Mahal. Éste es el chakra Estrella del Alma del planeta y resuena con el número 11, que significa generar energía para comenzar de nuevo a un nivel más alto. Cuando se abra en el 2012, tendrá un efecto inmenso en la consciencia de la gente.

Paquistán

Yo nací en el Himalaya, en Paquistán, y amo el lugar y a sus gentes. Pero todo el país necesita limpiarse porque hay demasiadas personas hambrientas de poder allí. Cuando la India encuentre su alma, habrá un impacto en Paquistán también y para el 2032 el país se estará encaminando hacia la paz.

Tíbet

En el 2022, el Tíbet será libre e independiente de China. Esta última aguantará todo el tiempo posible, pero por último el pueblo ya no querrá mantener al Tíbet esclavizado. Para el 2032, Tíbet será nuevamente un faro de luz, pero los tibetanos ya no desearán mantener la luz en su país; estarán listos para difundirla. A través del perdón y de las prácticas espirituales limpiarán su tierra de la oscuridad ocasionada por la tiranía que han sufrido.

EJERCICIO

Enviar luz a un país o un lugar

Puedes hacer esto en beneficio de cualquier país.

1   *Busca un sitio donde puedas estar tranquilo, sin que te moleste nadie.*

2   *Enciende una vela y conságrala al bien supremo del país que has escogido.*

3   *Pide a los ángeles del amor que vayan allí y llenen el lugar de amor y luz.*

4   *Pide que los habitantes sean felices, risueños, libres y prósperos.*

5   *Apaga la vela y sabe que los ángeles están llevando la energía allí para ayudar a la gente.*

CAPÍTULO 16

Pronósticos para África

Hay un montón de energía oscura en África. En el nordeste del continente esta energía está enterrada profundamente en la tierra misma. En tiempos de Lemuria, ciertos africanos de estas áreas practicaban una modalidad de hechicería. Entablaban luchas por el poder con mala intención y esta energía negativa acabó penetrando en la tierra. Es el miedo a la brujería lo que está enterrado en el suelo, las rocas y los cristales. Existe también el temor al cambio por las posibles consecuencias negativas. Es esto lo que subyace bajo la violencia en África. También afectó a los puros lemurianos, que estaban en relación con esa parte del mundo; y se retiraron.

La misma Tierra programó los cristales que contenía con energía oscura, porque era la de los africanos de la época.

Y es en África donde la sanación y la purificación pueden tener lugar ahora. Si programamos y dirigimos cristales de sanación lemurianos para purificar los cristales oscuros africanos, pueden producirse grandes cambios. También se pueden enfocar en el continente desde otras partes del mundo cristales de sanación o pensamientos curativos.

Los cristales de sanación lemurianos también tienen que ser llevados a Egipto. Entonces se podrá montar una nueva parrilla de luz, permitiendo así a África ocupar el lugar que le corresponde en el mundo.

A medida que el nivel de consciencia aumente, los africanos empezarán a demostrar madurez y sabiduría. La corrupción será cosa del pasado y personas honestas y de alta frecuencia se ofrecerán en el futuro para mostrarnos el camino. Serán un ejemplo viviente de que el auténtico poder procede de la autoestima y la capacidad de empoderar a los demás.

Cuando las masas se respeten y encuentren su propia valía, tanto hombres como mujeres asumirán la responsabilidad de su manera de vivir. La frecuencia general aumentará y las personas se dirigirán hacia la iluminación y la ascensión, generando automáticamente energías superiores. Esto nos traerá sanación y pondrá fin a la epidemia del sida; pero no sucederá hasta cerca del 2027.

Los africanos tienen un corazón grande y generoso y perdonarán las muchas iniquidades que se han cometido con ellos a lo largo de los siglos. También tenderán los brazos abiertos a todos aquellos de otras culturas que se han establecido en África y han hecho de ella su nuevo hogar. África se transformará en una tierra de paz y abundancia.

El gran portal interdimensional de doble dirección que está en el Gran Zimbabue despertará y entrará en funcionamiento. Nos traerá una ingente cantidad de luz, que afectará a la región considerablemente.

El portal de la Montaña de la Tabla también se abrirá por completo y su influencia permitirá que África se haga totalmente autosuficiente. El hambre será un horror del pasado. Estos maravillosos portales generarán pura energía y permitirán que entren seres superiores; pero a diferencia de los cósmicos, no nos traerán la consciencia de Cristo ni la ayuda de otros planetas.

Más importante aún, la totalidad de Sudáfrica es el chakra espiritual del plexo solar de nuestro planeta y actualmente está soportando mucho del miedo mundial. Cuando los portales se abran y reactiven, lo que empezará a ocurrir en el 2012, la ansiedad se disolverá y la antigua sabiduría regresará. Como Sudáfrica está relacionada con Mercurio, el planeta de la comunicación, este país desempeñará un papel fundamental en la propagación de la Verdad Dorada.

Egipto

El retiro del arcángel Metatrón está en Luxor, Egipto. Está manteniendo la energía ascensional para el planeta y aporta una gran luz al país.

A la caída de la Atlántida, Ra condujo a su tribu hasta Egipto, donde iniciaron la cultura egipcia de los faraones.

La tribu de Ra llevó consigo el diseño de las pirámides, que son formidables ordenadores cósmicos y ayudan a mantener la Tierra en perfecta alineación con las estrellas.

La energía de la Esfinge ha estado siempre en la Tierra, y Ra también la llevó a Egipto desde la Atlántida. La estatua de la Esfinge fue esculpida para que representase esa energía. Está en relación con Marte, protege y vigila nuestro planeta y conserva los registros akásicos a nivel pentadimensional. Éstos serán revelados cuando el suficiente número de personas hayan elevado su frecuencia para ajustarla a la de ella.

En el 2012 el Nilo sufrirá una crecida sin precedentes y limpiará finalmente el miedo contenido en la tierra. Nos están enviando grandes cantidades de fotografías tomadas en

Egipto y la mayoría de ellas contiene orbes de almas atrapadas, de personas incapaces de aceptar su fallecimiento. Algunas de ellas llevan mucho tiempo rondando por Egipto, desde los tiempos de los faraones, y han estado frenando el avance del país. Cuando estas almas hayan alcanzado la luz, la región entera se hará más luminosa y pacífica.

Cuando la gente abra sus doce chakras y transmita la luz de la Fuente a la Tierra a través de su sistema energético, energizará las líneas ley. Esto, a su vez, permitirá que la luz superior fluya hasta las pirámides y las energice. La luz surgirá de las pirámides y se esparcirá por el universo, contribuyendo a alinear correctamente la Tierra para la ascensión planetaria. Cuando ésta ocurra, la Tierra ocupará el lugar que le corresponde en el universo. De modo que Egipto es muy importante para el futuro de nuestro planeta.

Además, el increíble portal de la Esfinge se abrirá y ejercerá un impacto monumental en Oriente Próximo y África, y en última instancia afectará al mundo entero.

Habrá un enorme cambio en Egipto en el 2012 y el conjunto de la población se abrirá. Esto dará lugar a cierta confusión y dificultades, pero al final estas almas verán una perspectiva espiritual más amplia y ayudarán a aumentar la luz de África, así como de Oriente Próximo.

EJERCICIO

Enviar sanación a África

1   *Haz un dibujo de África. No tiene que ser perfecto; tu intención es lo que cuenta.*

2   *Traza una línea representando la sabiduría dorada que vaya de arriba abajo.*

3   *Luego, colorea el resto del mapa en rosado mientras envías amor a ese continente desde tu corazón.*

4   *Perfila el contorno en azul, para la sanación.*

5   *Sabe que tu concentración y tu energía han cambiado las cosas.*

CAPÍTULO 17

Pronósticos para el océano glacial Ártico, Canadá y Estados Unidos.

El océano glacial Ártico

Como el Antártico, esta área lleva mucho tiempo cubierta por la nieve y el hielo y ha sido por tanto purificada. Los esquimales, originarios de la Atlántida Dorada, viven aquí y aquí conservan la sabiduría de su tribu de aquella era especial.

Como es una zona de alta frecuencia, atraerá a gente evolucionada que migrará aquí cuando acabe siendo habitable, de forma que impulsará el proyecto del mundo pentadimensional.

El océano glacial Ártico es el chakra Puerta de las Estrellas del planeta y está vinculado a un cúmulo de energía en las Pléyades, que está a su vez conectado con un agujero de gusano que da acceso a la Fuente. La luz más elevada y pura, incluyendo la energía de Cristo, entrará a raudales por aquí cuando el gran portal del océano Ártico se abra en el 2012. Es tan vasto que influirá en el mundo entero.

Canadá

El retiro del arcángel Miguel está en el lago Louise (parque nacional Banff), donde ha estado conservando la energía de

Canadá, proporcionando a sus habitantes mucha fortaleza, valor y protección.

Este país, que ha sido limpiado por el hielo y la nieve durante un largo período de tiempo, tiene poco karma; y además muchas almas antiguas y sabias se están encarnando en él. En consecuencia, los años de transición serán relativamente llevaderos allí y después su luz brillará de verdad, ayudando a su vecino, Estados Unidos, a moverse hacia la ascensión.

Los Estados Unidos de América

Barak Obama se convirtió en el cuadragésimo cuarto presidente de Estados Unidos en noviembre del 2008, en medio de una oleada mundial de entusiasmo que impulsó a la Tierra en su camino hacia la ascensión. Es un hombre con buenas intenciones que está tomando medidas para propiciar la paz internacional. Sin embargo, hay una enorme acumulación de karma en los Estados Unidos, así como resistencia a los cambios progresistas. Los que están en contra del control sobre las armas de fuego son un buen ejemplo de ello, como también la cantidad de almas dogmáticas tridimensionales en el denominado Cinturón de la Biblia.

Grabado a fuego en la psique estadounidense está el convencimiento de que son especiales. Eso ha hecho que se aíslen del resto del mundo. Durante los cambios y la purificación venideros aprenderán a pedir ayuda antes de poder acceder a la consciencia superior. Además, a medida que la luz despierte a las masas psíquica y espiritualmente, la gente empezará a ver espíritus y ángeles. Debido a ello, algunas personas se sentirán muy perturbadas cuando sus viejas y queridas creencias se hagan añicos. Les obligará a cuestionarse las cosas y se transformarán; dejarán de ser un país religioso para convertirse en uno espiritual. Estados Unidos acabará convirtiéndose en una nación pentadimensional abierta y solidaria.

Asimismo, muchos se mudarán espontáneamente a zonas más altas del continente desde sus lugares de residencia en zonas vulnerables –que se habrán inundado o limpiado por otros medios– y se verán afectados positivamente por la energía pura de esos parajes, lo que les permitirá elevar su consciencia.

La elección de Barak Obama es el primer paso hacia la visión de un mundo donde todos vivamos en paz, armonía y cooperación.

Puedes ayudar practicando esta visualización. Y recuerda que, como Estados Unidos es tan grande y tan poderoso, este ejercicio de tu imaginación ayudará al mundo entero, no sólo a este país.

EJERCICIO

Enviar sanación a Estados Unidos

1   *Enciende una vela y conságrala al presidente de Estados Unidos; visualiza a quienquiera que ocupe el cargo conectado a la Luz de Cristo.*

2   *Visualiza al Señor Maitreya, que guarda la Luz de Cristo, derramando esa energía dorada sobre Barak Obama (o cualquier otro presidente futuro).*

3   *Imagínala descendiendo desde el chakra de la coronilla del presidente hasta su corazón.*

4   *Pide ayuda a los unicornios; obsérvalos rodeándole e iluminándole con la luz de sus cuernos.*

5   *Visualiza al arcángel Gabriel purificando la Casa Blanca.*

6   *Da las gracias a los arcángeles por su ayuda y abre los ojos.*

CAPÍTULO 18

Pronósticos para el resto de América

Tras el fin de la Atlántida la kundalini, o fuerza de vida espiritual del planeta, fue llevada al Himalaya, donde fue guardada por Sanat-Kumara en su retiro del desierto de Gobi. Se trataba de una energía masculina.

Esta energía ha sido desplazada ahora al continente americano, desde México hacia abajo, donde se ha transformado en una esfera de energía femenina; y es guardada por el arcángel Sandalfón en su retiro de las Cuevas de los Cristales Mágicos, en Guatemala, en el bello lago de Atitlán. Esta energía será liberada cuando la kundalini del planeta ascienda en 2012. En ese momento, el continente florecerá.

Actualmente sólo tenemos acceso a una fracción de la sabiduría maya. Cuando vuelva a ser accesible otra vez para todos, el mundo entero se enriquecerá. Será una tierra de felicidad y abundancia. México y todos los países de Centroamérica y Sudamérica florecerán.

Perú

La totalidad de Perú es un portal que se abrirá en el 2012 para liberar e irradiar la sabiduría inca, que fue llevada allí por Thot y su tribu a la caída de la Atlántida.

Dentro del superportal peruano se encuentra uno de los cuatro portales interdimensionales de doble dirección del planeta: Machu Picchu. Los sacerdotes creían que lo habían dejado protegido cuando ascendieron, pero el explorador Hiram Bingham expolió todos los artefactos protectores cuando los descubrió. Gracias a esto, la oscuridad pudo entrar en el planeta. Los Trabajadores de la Luz han hecho ingentes esfuerzos para enviar luz y protección a este portal, que está empezando a aclararse.

Mientras Lima es muy oscura y va a necesitar una buena limpieza, los Andes son un cinturón de pura energía. Los árboles que cubren la zona también mantienen la energía al máximo nivel posible, porque contienen la antigua sabiduría. Desde aquí los seres elementales envían mensajes telepáticos de apoyo y aliento a sus congéneres y a toda la red arbórea.

El Comandante Asthar Sheran usa este portal para acceder a la Tierra con sus naves espaciales cuando viene a ayudarnos y protegernos.

Los ángeles de la comunicación también entran por aquí trayendo los misteriosos círculos de los sembrados junto con sus símbolos para despertarnos.

En última instancia, Perú será un país de gran luz y compasión.

México

El pueblo de México tiene grabado en la consciencia colectiva un sentimiento de falta de valía y de culpabilidad, y hay miedo dentro de la tierra, razón por la cual los Estados Unidos le han ofrecido tanta resistencia. Esto será lavado y purificado.

Hay también mucha sabiduría contenida en la tierra. Los portales locales están empezando a despertar, afectando a la gente y adelantando la antigua sabiduría.

Además, cuando los portales de Sedona, Arizona y Hawái se abran, afectarán profundamente a la consciencia de los mexicanos y sus vecinos.

En el 2032 será un lugar espléndido para vivir.

EJERCICIO

Enviar sanación a México, Centroamérica y Sudamérica

1   *Siéntate tranquilamente donde nadie te moleste.*

2   *Enciende una vela y pon música suave si es posible.*

3   *Imagina a México, Centroamérica y Sudamérica con el ojo de la mente, cubiertos por una alfombra de capullos de flores.*

4   *Visualiza las flores por todo el continente abriéndose e irradiando luz.*

5   *Contempla a la gente de toda la región bailando, radiante de alegría, de la mano de los ángeles.*

6   *Sabe que, mientras ves a las flores abrirse y a la gente bailar con los ángeles, también tú te estás abriendo simbólicamente al amor, la felicidad, el gozo espiritual y las conexiones angélicas.*

7   *Da gracias a los ángeles y luego abre los ojos.*

CAPÍTULO 19

Pronósticos para Mongolia y Rusia

Actualmente los corazones de las personas, especialmente de los políticos, están cerrados con miedo a Occidente. Necesitan traer de vuelta la luz, cosa que sucederá en el 2032 si el suficiente número de individuos ofrecen sus plegarias para que sea así.

La nueva energía abrirá a muchos psíquicamente, de forma que verán las cosas de un modo muy diferente, y eso les dará esperanza otra vez. Varios portales importantes están dormidos y todos se abrirán en el 2012 o poco después, trayendo a la gente un vasto despertar espiritual. La confianza de las masas aumentará y con ella su conciencia de la abundancia, de modo que atraerán la buena suerte a sus países. La vasta masa terrestre se dividirá en comunidades más pequeñas que vivirán en armonía interna y en paz con sus vecinos.

Como en otros países, las inundaciones a gran escala sacarán lo mejor y más elevado de las personas, que se esforzarán en ayudar a sus compatriotas, e incluso se abrirán al posible socorro exterior. Cuando la nieve se funda, la tierra será pura, de modo que atraerá a recién llegados de alta frecuencia para crear comunidades pentadimensionales. Con el tiempo, surgirán aquí Ciudades de Oro y la gente volverá a reír.

EJERCICIO
Enviar energía curativa a Mongolia y Rusia

1   *Siéntate tranquilamente donde nadie te moleste.*

2   *Cierra los ojos y relájate concentrándote en la respiración.*

3   *Abre tu corazón hasta que notes el amor brotando de él.*

4   *Envía esa energía amorosa a cualquier parte del país que te parezca que lo necesita.*

5   *Llama al arcángel Gabriel y siente su presencia cerca de ti.*

6   *Visualiza gotitas blancas y puras, como copos de nieve cayendo lentamente sobre el área que has escogido. Ésta es la energía del arcángel Gabriel purificando el lugar.*

7   *Imagina esta nieve blanca y purificadora cayendo en zonas donde no había sido vista nunca, limpiándolo e iluminándolo todo.*

8   *Da las gracias al arcángel Gabriel por ayudarte a purificar ese país.*

⊂∞⊃

CAPÍTULO 20

Pronósticos para Australasia
y las islas del océano Pacífico

Ésta es una de las áreas geográficas en las que más influyeron los lemurianos durante su estancia en el planeta, en los tiempos anteriores a la Atlántida.

Australia

Durante la transición, Australia experimentará condiciones meteorológicas opuestas. Inundaciones, olas de calor sin precedentes e incendios crearán momentos de gran dramatismo en el período de limpieza, cuando más partes del territorio serán inhabitables.

Cuando la frecuencia del planeta aumente y se permita a los científicos «descubrir» los secretos del control climático para producir lluvia, algunas partes de Australia serán no sólo habitables, sino placenteras y bellas. Una vez que el mundo haya aprendido a controlar el elemento agua y pueda suministrarlo allí donde se necesite, habrá una campaña masiva de reforestación y Australia estará irreconocible.

A pesar del modo en que los colonos ingleses trataron a los aborígenes australianos, no hay demasiado karma que lavar en este país. Esto se debe en parte a la forma en que los aborígenes han honrado la tierra durante siglos, pues eso acumuló allí energía positiva. Además, gracias al clima mucha gente se ha centrado en el deporte y la vida al aire libre en lugar de dedicarse a la ávida acumulación de dinero y poder. Cuando lo hayamos hecho todos, la Tierra estará limpia.

Uluru

El Ángel Universal Roquiel tiene su retiro en Uluru y allí guarda la energía de Australia.

El monte Uluru es un enorme portal interdimensional que despertará poco después del 2012. Esta área del mundo se convertirá en el principal portal de bienvenida para naves espaciales y seres de este universo, lo que acarreará enormes beneficios a la región. Muchos niños estrella de otros planetas o universos, que entienden la importancia de los viajes y la comunicación intergalácticos, se encarnarán aquí.

Los australianos aplicarán las nuevas tecnologías aportadas por los extraterrestres. En conformidad con los principios pentadimensionales, compartirán todos los conocimientos libremente para beneficio de todo el mundo. Esto se realizará tanto por telepatía a distancia como por medio de conocimientos informáticos avanzados que actualmente nos parecen inconcebibles.

Además, cuando el portal de Hawái que contiene el Gran Cristal de Lemuria despierte, influirá inmensamente en Australia, aumentando la frecuencia general y haciendo a la gente más dulce y amable. La gente estará mucho más en contacto con la Tierra y deseará sanarla.

Nueva Zelanda

La energía de Nueva Zelanda es relativamente prístina y toda la gente empezará a colaborar entre sí, a cooperar por el bien supremo.

A la caída de la Atlántida, una de las doce tribus, conducida por la Suma Sacerdotisa Hera, fue a las islas del océano Pacífico y luego a Nueva Zelanda. Se convirtieron en los maoríes; llevaban consigo conocimientos místicos y chamánicos, así como un talento único para la agricultura, que después del 2012 volverán a la consciencia de la gente y la ayudarán en el futuro.

A medida que las personas se hagan psíquicas, se darán cuenta de que este país es ya un portal de entrada para naves espaciales de luz, especialmente las que están a las órdenes del Comandante Ashtar, que entran por aquí. Acogerán con los brazos abiertos la presencia de seres de luz procedentes de otros planetas y la ayuda que traen. Como consecuencia de la asistencia extra que recibirá, Nueva Zelanda prosperará y será un ejemplo para el mundo, sobre todo después de la limpieza.

Cuando estuve en Nueva Zelanda de vacaciones me asombró ver no sólo pequeñas astronaves como platillos, sino también una enorme nave nodriza. Me pareció un gigantesco crucero de forma ovalada, con ojos de buey resplandecientes de luz. Sólo lo vi un momento, pero es algo que nunca olvidaré.

Las islas del océano Pacífico

Las islas Fiyi y Honolulú son los chakras espirituales sacral y umbilical del planeta. Me fascinó descubrir que los primeros pobladores de otra de las islas del Pacífico, la isla de Pascua, ¡la llamaban el ombligo del mundo!

Estas islas expresan sensualidad, calidez y simpatía. Cuando se abra el portal de Fiyi en el 2012, el Pacífico entero irradiará puro amor y lo difundirá por todas partes. Para el 2032 se habrá difundido un conocimiento de la sexualidad transcendente y el sida y otras enfermedades de transmisión sexual empezarán a remitir.

A la caída de la Atlántida el sumo sacerdote Hermes llevó a su tribu a Hawái, donde se convirtieron en los Kahunas. Llevaron consigo el poderoso vínculo delfínico. Hay una increíble energía en Hawái, pues contiene la sabiduría tanto de Lemuria como de la Atlántida. Este portal se abre en el 2012. Como el Gran Cristal de Lemuria se conserva aquí, difundirá la sabiduría y sanación lemurianas como rayos de luz en torno al mundo.

EJERCICIO

Visualización delfínica

1   *Busca un lugar donde puedas estar tranquilo y sin que te molesten.*

2   *Pide a un delfín que acuda a ti y dedica unos momentos a experimentar su amor y sabiduría.*

3   *Imagina unas enormes columnas de luz dorada alzándose en Hawái y Fiyi y cayendo como surtidores sobre el Pacífico.*

4   *Luego, date cuenta de que miles de delfines recogen esta luz dorada y la llevan a los océanos de todo el mundo.*

5   *Cuando todos los mares estén llenos de esta luz dorada, contempla cómo se alza como una bruma y envuelve las masas terrestres.*

6   *Piensa en cómo las barreras caen en todas partes del mundo cuando todas las personas se aceptan y se abrazan.*

7   *Da las gracias a los delfines por su energía y abre los ojos.*

CAPÍTULO 21

Pronósticos para Europa

Francia

Como gran parte de Francia es rural, la codicia y la corrupción propias de las grandes ciudades ha sido contenida. Aquellas personas que llevan un estilo de vida más sencillo encontrarán los años de transición más llevaderos que quienes viven en las ciudades, sobre todo porque ya son autosuficientes.

El nuevo portal que se abre en el 2012 en las aguas de Marsella cambiará enormemente la consciencia de las masas, que se harán receptivas al nuevo entendimiento espiritual. Aquellos que vivan en el campo abrirán sus corazones a los urbanícolas que se vean desplazados de sus hogares por la limpieza.

La Madre María es un maravilloso Ángel Universal cuyo retiro está en Lourdes. Su influencia se dejará notar aún más aquí y la sanación se propagará desde este punto.

Este país empezará a cooperar con sus vecinos, aunque seguirá conservando su singularidad.

Alemania

Los últimos restos de oscuridad de las grandes guerras han de ser limpiados de la tierra, así que se producirán condiciones meteorológicas inesperadas que harán que lo viejo se transmute.

La culpa grabada en la consciencia colectiva de Alemania desaparecerá del todo en el 2012. Luego, el país podrá ocupar su lugar encabezando el movimiento a la iluminación. Millares de almas maduras y sabias han decidido encarnarse aquí desde la segunda guerra mundial, tanto para ayudar a mitigar el antiguo karma como para conducir a esta nación hacia la iluminación y la ascensión.

Hay mucha sabiduría cósmica guardada por los árboles en la Selva Negra y eso ayudará a sujetar y mantener la luz en Alemania durante los cambios.

Muchas comunidades pentadimensionales se formarán aquí, y después del 2032 se fundarán en el país nuevas Ciudades de Oro.

Italia y el Vaticano

Hay mucha belleza en Italia, gracias a los muchos escultores y artistas del Renacimiento que decidieron trabajar aquí, elevando la frecuencia todo lo que podían. Esto ha ayudado a mantener el país en la luz.

Las organizaciones como la Mafia desaparecerán, pues su vibración será demasiado baja para atraer partidarios o aterrorizar a la gente.

En los próximos veinte años, el Vaticano y algunas iglesias que oprimen a la gente caerán, debilitándose así el control absoluto de los aspectos inferiores de la religión católica; pero aparecerán gradualmente la auténtica espiritualidad y la auténtica gloria del mensaje de Cristo.

España y Andorra

España es un vasto país que verá muchos cambios porque tiene energías muy mezcladas. A medida que las condiciones climáticas se hagan más extremas, la gente se mudará a las zonas montañosas. En cualquier sitio donde se conserve oro y otros tesoros sustraídos a los aztecas e incas, habrá limpieza, y eso causará mucha incredulidad y confusión. La tierra española aún conserva el dolor de la Inquisición española, que debe ser purificado.

Andorra también es una combinación de luz y oscuridad; pero, cuando el portal se abra aquí, el país entero encontrará la auténtica expresión de su alma y eso mismo se difundirá por España.

Inglaterra

Inglaterra ha perdido el norte durante la pasada década. La decisión del alma tomada por el país para equilibrar su karma de los días del Imperio británico permitiendo la inmigración de masas sólo ha ocasionado confusión, agobio y errores de apreciación políticos. Mucha de la negatividad de Londres necesita transmutación, y la Jerarquía Espiritual espera que los Juegos Olímpicos traigan tal luz en el 2012, que todo el karma se disuelva y la tierra se purifique.

Gran parte de Londres va a ser limpiada por el agua durante la purificación. Como esta ciudad es el chakra espiritual Estrella de la Tierra del planeta, el país entero enraizará la luz superior para el nuevo mundo.

Glastonbury, en el suroeste, es el chakra espiritual cardíaco del planeta; cuando se abra del todo, un mensaje de bienvenida saldrá de aquí y se propagará por el resto del mundo y por el universo.

En las cercanías está Avebury, que tradicionalmente era un espaciopuerto de primer orden para naves de todos los universos. Su poder ha sido partido en dos por una carretera, pero despertará y volverá a estar completo de nuevo. Las áreas circundantes ya se están preparando para desempeñar otra vez su viejo cometido.

En este lugar han aparecido muchos círculos misteriosos en los sembrados porque la tierra ya había sido energizada para ellos. Algunos de los símbolos que contienen eran señales de otros sistemas solares. También eran llaves para abrir la consciencia de la gente.

Los extraterrestres, que son mucho más sabios que nosotros, traerán luz y asistencia al mundo. En el 2022 Inglaterra estará preparada para aceptar su ayuda, y en el 2032 estará cooperando activamente con los seres de la luz de otros sistemas solares.

Algunas de las zonas que estarán sumergidas en el 2032 aún conservarán una importante energía, aun cuando no sea patente para nosotros a nivel humano.

Escandinavia

Gran parte de Escandinavia ya ha sido limpiada por la nieve y esas zonas relumbrarán en el 2032. Almas antiguas y sabias se están encarnando aquí para prepararles para la edad de oro. Muchos de los científicos ya están espiritualmente abiertos, aun cuando no se den cuenta. Esto le permite al Maestro Hilarión, que está a cargo de la tecnología para la edad de oro, conectar con ellos. A medida que avance el período de veinte años, esto se hará más evidente y los científicos tomarán conciencia de ello. El Maestro Hilarión estará trabajando con los ángeles para descargar información a muchos de ellos, de forma que impulsarán la tecnología espiritual y ecológica para llevarnos a todos al Nuevo Mundo.

Suiza

En las montañas la energía es muy pura, así que se formarán aquí comunidades pentadimensionales.

Sin embargo, hay dos cosas que frenan a Suiza. La primera es el Gran Colisionador de Hadrones bajo la frontera franco-suiza, cerca de Ginebra. Es el acelerador de partículas más grande y de mayor energía del mundo y su construcción ya ha agrietado la corteza terrestre.

En el 2009 viajé a Berna desde Zúrich para dar una conferencia. El tren se había averiado, algo completamente inusual en Suiza, y tuvimos que dar un rodeo vía Ginebra. A pesar de que eso significaba que llegaríamos tarde para la presentación, me sentía muy tranquila y estuve meditando durante casi todo el trayecto. Al llegar nos enteramos de que la charla se había pospuesto media hora, mientras todo el mundo se trasladaba a un local de mayor aforo, así que llegué perfectamente puntual. Más tarde le pregunté a mi guía, Kumeka, por qué había sucedido eso y me contestó que tenía que dar una vuelta en tren por la zona para depositar energía en la tierra a fin de mitigar los efectos del Gran Colisionador de Hadrones.

La segunda es que hay mucho karma porque el sistema bancario suizo lleva muchos años conspirando para permitir a las personas codiciosas, y a veces malvadas, ocultar y conservar las ganancias obtenidas por medios ilícitos. La riqueza robada o acumulada despojando de sus derechos o esclavizando a otros es energía oscura, que ha de ser limpiada por los elementos. Debe ser así para que lo nuevo pueda nacer; así que habrá terremotos e inundaciones inesperados para barrer esta negatividad, a menos que el pueblo de Suiza y el mundo entero la purifiquen pronto. Este precepto también es aplicable a Liechtenstein y otros lugares que están protegiendo las energías financieras oscuras.

EJERCICIO

Enviar sanación a Europa

1   Busca un sitio donde puedas estar tranquilo y sin que te molesten.

2   Si puedes, enciende una vela y conságrala a que Europa se llene de paz, abundancia, luz y amor.

3   Cierra los ojos y relájate.

4   Visualiza los ángeles del amor y los unicornios llenando los cielos de Europa.

5   Los ángeles están cantando y los unicornios derraman luz sobre Europa.

6   La luz toca a todas las personas y lugares como una lluvia limpiadora.

7   Ve cómo todos los lugares oscuros son purificados.

8   Da las gracias a los ángeles y unicornios.

9   Abre los ojos.

CAPÍTULO 22

Pronósticos para Oriente Próximo

Irak

Las tropas occidentales se retirarán en el 2012, pero es una región muy difícil y la confusión continuará. Incendios, inundaciones y terremotos limpiarán la tierra. Los habitantes aprenderán a cooperar entre sí por el bien de su país y las mujeres tendrán que participar activamente. Eso les permitirá recuperar su amor propio y empoderarse, dando entrada al Divino Femenino. La consciencia en alza de las mujeres ayudará a aflojar la presa del dogmatismo religioso y en el 2032 la gente se estará abriendo al entendimiento espiritual superior difundido por el planeta.

A la caída de la Atlántida, el Sumo Sacerdote Apolo condujo a su tribu hasta esta tierra, que entonces se llamaba Mesopotamia. Hay mucha sabiduría profunda enterrada aquí y, cuando el portal se abra poco después del 2012, empezará a iluminar. Entonces la sabiduría de la antigua Persia conservada en el seno de la Tierra emergerá a un nivel más alto que antes.

Israel

El ingente proceso de limpieza que se necesita aquí, ya sea por terremoto o por otros medios, tendrá como consecuencia una menor cantidad de territorio disponible. Sin embargo, varias cosas cambiarán la situación hasta hacerla irreconocible. Los sentimientos de miedo y vulnerabilidad que subyacen bajo su agresividad se disolverán cuando empiecen a hacerse más espirituales que religiosos. Los viejos dogmas serán reemplazados por sentimientos pacíficos que buscan la resolución, no el conflicto.

Como Estados Unidos tendrá sus propios problemas, dejará de ser un apoyo y un refuerzo para la bravuconería de Israel y una nueva humildad cambiará sus actitudes.

Como los otros países de Oriente Próximo sufrirán sus propias crisis de limpieza, los países en conflicto se convertirán en vecinos serviciales que se miran mutuamente con compasión, no con miedo. Israel estará en paz en el 2032.

Irán

Los habitantes de este vasto país han tratado varias veces de liberarse, pero el karma les retiene, les mantiene subyugados. Después del 2012 el portal de Mesopotamia, Irak, cuando se abra, afectará profundamente a Irán. Las personas sentirán que sus almas son libres de nuevo y la paz y la alegría volverán a esta zona.

Arabia Saudí

El antiguo karma sepultado en la tierra causará problemas, pero también el karma más reciente, debido a todo el petróleo que se ha extraído. El petróleo es necesario para la lubricación del planeta, que reaccionará contra la explotación de sus recursos. A medida que este país se quede sin petróleo y el dinero deje de estar en vigor, surgirán dificultades.

Los camellos guardan mucha sabiduría y empezarán a comunicarse telepáticamente con las personas. Esto ayudará a los saudíes a encontrar el camino de su alma.

EJERCICIO

Enviar sanación a Oriente Próximo

Pide a los ángeles del amor que envuelvan a los habitantes de Oriente Próximo en bellas burbujas de amor de color rosa y blanco. Puedes hacerlo en cualquier momento: paseando, conduciendo, cuando descanses un rato en el trabajo o incluso cuando estés con amigos. Simplemente haz una pausa durante un momento y envía tu pensamiento. Puedes sentir las burbujas de amor desplazándose por el territorio.

CAPÍTULO 23

Comunidades pentadimensionales

En las áreas que hayan sido limpiadas se formarán pequeñas comunidades pentadimensionales en las que las personas vivirán juntas por el bien supremo. Cuando le pregunté por la estructura de gobierno en estos lugares, Kumeka se mostró claramente perplejo ante mi estupidez. Indicó que en 2032 la gente estará sintonizada entre sí, muchos se comunicarán telepáticamente, así que no habrá líder; sólo Unidad.

En el 2032 palabras como decisión o líder ya no harán falta porque los habitantes vivirán en armonía y en su mayor parte se comunicarán por telepatía, de modo que la toma de decisiones se hará automáticamente a beneficio y para satisfacción de todos.

Durante el período de transición de veinte años se ofrece una oportunidad espléndida a todas aquellas almas que acepten vivir de forma cooperativa, trabajando juntas por el bien supremo mientras construimos comunidades para la edad de oro. Se ha anticipado que individuos y grupos aceptarán este reto con humildad, de forma que se implantará lo nuevo sin las limitaciones del ego. Y cuanto mejor preparados estemos, más fácil nos resultará la transición.

Con el declive de los supermercados y del reparto de larga distancia, la autosuficiencia estará a la orden del día. En todas partes los alimentos se producirán localmente. La gente aprenderá a cultivar aquello que sea adecuado a su clima; y en el 2022 éste puede ser muy diferente del que estamos acostumbrados a ver, pues las condiciones meteorológicas se extremarán.

Ya no habrá pesticidas en todas las cosechas y la comida será mucho más sana. Las comunidades se apoyarán mutuamente y cooperarán, pues experimentarán de nuevo cómo se vive de forma natural.

Como muchas personas se habrán abierto espiritual y psíquicamente, verán ángeles, hadas y otros seres elementales. Los jardineros y agricultores se comunicarán con los elementales que ayudan a las plantas a crecer, y aprenderán de ellos. La gente verá con sus propios ojos psíquicos la diferencia que supone para las cosechas el hecho de bendecir el agua.

Entonces las personas se verán recompensadas con la exuberancia que la Naturaleza ofrece cuando se la trata con respeto y amor.

Cuando empecé a trabajar en mi propio huerto, no sabía nada sobre el cultivo de hortalizas, pero todos los días bendecía la tierra y luego las semillas cuando las plantaba. Cada mañana abría de par en par la puerta trasera de mi casa y daba las gracias a los ángeles y elementales por ayudarme. Les pedía humildemente que me guiaran y me avisaran de cuándo había que hacer cada cosa.

Antes de darme cuenta, tenía una fuente inagotable de estupendas verduras. Cuando empecé a escribir este libro tuve un pequeño problema. Siguiendo mi vieja costumbre, me concentré por completo en él, así que corté el contacto con los elementales. Al cabo de dos días había una plaga de mosca negra. Entonces volví a sintonizar con los elementales e intercambié energía con ellos. Me dijeron que bendijese las plantas, que quitara todos los huevos de mosca de las hojas con agua jabonosa y que luego, siempre y cuando yo siguiera en contacto con ellos, se encargarían de proteger las plantas de esa peste. Así que seguí humildemente sus instrucciones. Me llevó horas lavar todas mis plantas, pero luego me ausenté unos días y la odiosa mosca negra regresó y tuve que volver a empezar de nuevo.

Pero lo más importante de todo es que tuve una sensación de paz y realización personal que llevaba años sin experimentar. Mi chakra Estrella de la Tierra se desarrolló entonces, permitiéndome acelerar mi camino de ascensión. Y esto es lo que ocurrirá mundialmente en las nuevas comunidades.

Kumeka me ha asegurado que cuando consiga el nivel de energía necesario, los elementales protegerán totalmente las plantas y hortalizas de todas las plagas e intrusos. Todavía me queda un buen trecho por delante, pero estoy aprendiendo.

Como en las comunidades pentadimensionales todo el mundo trabaja por el bien supremo, los ancianos serán una vez más honrados y respetados y la gente escuchará su sabiduría. Con buena comida ecológica, aire más limpio, agua pura, más paz y comunicaciones vía satélite sosegadas y de frecuencia superior a su disposición, junto con el hecho de sentirse como en casa, las personas de la tercera edad volverán a estar sanas, alertas y vivas y a ser útiles: y eso elevará la consciencia de todos.

Un sentimiento general de satisfacción, amor y felicidad mantendrá a la gente más sana. Gran parte del karma profundamente arraigado que ha estado manteniendo a las personas bloqueadas y con frecuencia enfermas se disolverá. Eso era lo que hacía necesario el uso de medicamentos para la supervivencia. Predominará la atención médica local con una vuelta a las medicinas naturales, sobre todo a las hierbas, y una actitud más saludable.

Las comunidades pentadimensionales engendran una sensación de arraigo, calor humano y cooperación. El intercambio franco y el hecho de compartir fomentan la unidad, la generosidad y el amor superior. Se auspicia la creatividad de todas clases, como también la espiritualidad y la Unidad.

Cuando el velo que se interpone entre los mundos físico y espiritual se levante, habrá un sentimiento de Unidad con los animales, las plantas y nuestros congéneres humanos. La gente empezará a recordar y sentir su fraternidad. Esto contribuirá al éxito de las comunidades pequeñas con una sensación de arraigo y pertenencia.

Poco después del 2032 aparecerán nuevas Ciudades de Oro como el ave Fénix, que renace de las propias cenizas.

EJERCICIO

Visualización de las Ciudades de Luz

1   Siéntate tranquilamente unos momentos y relájate.
2   Imagínate el globo del mundo delante de ti.

3   *Mientras lo contemplas, empiezan a surgir por todas partes puntos de luz.*

4   *Estos puntos relumbran con una luz dorada. Cada uno de ellos está conectado con un filamento de oro.*

5   *Bendice estas Ciudades de Oro llenas de luz.*

6   *Luego, observa cómo la luz de estas ciudades pentadimensionales se propaga por el universo.*

7   *Da gracias por su servicio y abre despacio los ojos otra vez.*

CAPÍTULO 24

Trabajar con la Madre Naturaleza

Por fin los humanos están empezando a reconocer la sabiduría de las tribus indígenas que trabajaban con la Naturaleza, en comunión con ella. Honraban el mundo natural, lo amaban y respetaban, con el resultado de que éste les proporcionaba sus generosos y abundantes dones y contribuía a la salud de todas las personas y animales.

El daño que la mayoría de los seres humanos hemos hecho es enorme. Cuanto antes empecemos todos a escuchar la voz de la Naturaleza y a responder a ella, más sanación proporcionaremos a la Tierra y más fácil nos será nuestra transición a la edad de oro.

Aquellos que conecten con el reino de la Naturaleza durante el período de transición recibirán una asistencia y orientación extraordinarias de la miríada de seres invisibles que nos rodean. En el 2032 todo el mundo en las nuevas comunidades pentadimensionales será muy consciente de los muchos aspectos de él que actualmente ignoramos y estará muy agradecido por ello.

El reino de la Naturaleza

El ángel encargado de todo el reino de la Naturaleza es el Ángel Universal Purlimiek, cuyo color es un deslumbrante y luminoso azul verdoso claro. Purlimiek se coordina con muchos de los otros Ángeles Universales y con la Señora Gea para mantener la Tierra en equilibrio y armonía. Está a cargo de los Maestros Elementales y de los seres elementales.

Los Maestros Elementales vibran entre las frecuencias pentadimensional y hexadimensional, mientras que la frecuencia de los seres elementales es principalmente de la cuarta dimensión. Algunas hadas y trasgos y todos los elementales de los árboles llamados *warb-urtons* son pentadimensionales. Cuando aumentemos nuestra frecuencia y nos abramos psíquica y espiritualmente, empezaremos de manera automática a ver o sentir los millones de criaturas que están ayudando a la Naturaleza a mantenernos. Cuando comprendamos el papel que desempeñan los elementales y la importancia de lo que hacen, comenzaremos a cooperar con ellos. Esto podría tener un enorme impacto en la regeneración del planeta y ayudarnos a todos durante las próximas décadas.

Los seres elementales son espíritus de la Naturaleza que cuidan los diferentes aspectos del mundo natural. Pueden ser de fuego, aire, tierra, agua y, según la sabiduría china, también de madera y metal. Cuidan del suelo, los árboles y las plantas; ayudan en la fotosíntesis, limpian la tierra, el aire y el agua, y cumplen otro millón de cometidos para mantener vivo el organismo de la Tierra. Son alegres y amantes de la diversión.

Hace poco nos han enviado muchos orbes de ángeles portando un ser elemental. También hemos visto orbes angélicos con un diablillo o un duende dentro en los chakras de la coronilla de una serie de personas. Esto es para animarlas a abrirse a su yo superior de un modo fácil y alegre.

Las hadas se muestran con frecuencia en los orbes angélicos que rodean a los niños, alegrándoles y aligerando sus espíritus.

Reciben el nombre de *seres elementales*, o *elementales* a secas, porque carecen de la dotación de elementos que los animales y los humanos tenemos. Muchos de ellos contienen un solo elemento, pero otros combinan dos o más.

Seres elementales de un solo elemento

AIRE: hadas, *esaks* y silfos.
TIERRA: duendes, elfos, trasgos y gnomos.
AGUA: sirenas, *kyhils* y ondinas.
FUEGO: salamandras.
MADERA: *warb urtons*

Elementos combinados

~ DIABLILLOS Y FAUNOS contienen los elementos combinados de tierra, aire y agua.

~ LOS DRAGONES pueden ser de tierra, aire o fuego, o bien ser una mezcla de dos o tres de estos elementos.

El mero hecho de que estos seres contengan menos elementos que nosotros no significa que no estén evolucionados. Simplemente han evolucionado de forma diferente que nosotros. Pertenecen a la jerarquía angélica y extraen sus colores de los ángeles a los que están conectados. Muchos de los elementales de tierra son de color verde o azul verdoso, que es un reflejo del rayo con el que trabaja el Ángel Universal de la Naturaleza, Purlimiek.

La vibración de color de las flores está conectada a las energías arcangélicas y las hadas llevan esas vibraciones a las flores a las que se sienten inclinadas. Por ejemplo, si un pensamiento va a ser de color amarillo, las hadas encargadas de que florezca conectarán con el arcángel Uriel y su energía, que es de un amarillo oro rico e intenso. Así pues, cualquiera que contemple luego estos pensamientos será sutilmente tocado por la energía del arcángel Uriel.

Las hadas pentadimensionales son seres poderosos, no las criaturas traviesas que nos han enseñado, aunque son luminosas y divertidas. Mientras los ángeles, arcángeles y unicornios están emprendiendo proyectos para ayudar al planeta, estas hadas mantienen la energía en su lugar. Con frecuencia se quedan haciéndolo cuando los seres superiores ya han terminado y se han ido.

Las hortalizas tienen flor y su vibración cromática acaba siendo absorbida por el fruto. Por ejemplo, una flor de calabacín es de color amarillo intenso, el color del valor y la sabiduría, así que, si te comes uno, afectará a tus cuerpos sutiles con estas energías.

Ciertos seres elementales están muy evolucionados, como los elementales de madera pentadimensionales, los llamados *warb-urtons*. La madera alberga conocimientos de este planeta y de las estrellas y los *warb-urtons* ayudan a difundirlos. Son altos, la mayoría mide aproximadamente un metro veinte, y viven en árboles que han alcanzado determinado tamaño y grado de sabiduría. Cuando paseas entre árboles maduros, puedes estar seguro de que los *warb-urtons* están tratando de comunicarse contigo si estás listo. De modo que quédate en silencio y escucha cualquier información que tengan a bien impartir.

Cuando las pautas meteorológicas cambien y la Señora Gea comience a limpiar su planeta en serio, habrá mucho más que hacer para los elementales (aunque ya están bastante ocupados). Los humanos podemos ayudarles apreciando su labor, prestando oído a sus consejos cuando cultivamos plantas y sintonizando con su sabiduría. Podemos asimismo mantenernos estables y concentrados para que conserven la calma.

En los tiempos difíciles el Ángel de la Naturaleza, Purlimiek, envía a sus ángeles en ayuda de los elementales. Los ángeles mantienen la energía y les animan a ayudar a las plantas, la tierra o las aguas.

A modo de ejemplo, los faunos, que son elementales de tierra, aire y agua, ayudan a equilibrar la energía de los bosques y zonas con arbolado a través del proceso de la fotosíntesis. En vista de las extensiones de nuestro patrimonio forestal que se están talando, los árboles necesitan esperanza e inspiración, que les son proporcionadas por muchos ángeles. Aquellos seres humanos que entiendan el mundo de los elementales pueden ayudar también dándoles las gracias y enviando plegarias de apoyo. Camina por los bosques y date cuenta del maravilloso esfuerzo que están haciendo, que eso animará a los faunos. Incluso podrás verlos danzando entre los árboles.

Nuevos seres elementales

El Ángel Universal Butyalil, que está a cargo de las corrientes cósmicas que afectan a la Tierra, junto con el Ángel de la Naturaleza, Purlimiek, invitó hace poco a varios seres elementales nuevos a nuestro planeta para que ayuden en su purificación. Los *kyhils* están limpiando las aguas y los *esaks* están purificando la suciedad física y psíquica. Otros elementales han venido para librar los bosques de temor. Todos ellos proceden de otros universos y, a cambio de sus servicios aquí, recibirán la oportunidad de experimentar la Tierra y llevarse consigo lo que aprendan cuando vuelvan a sus planetas de origen.

Estos recién llegados a la Tierra han venido en los últimos años en preparación para el 2012 y la purificación planetaria, que ya ha empezado a producirse.

Poseidón y los Maestros Elementales

Con el Ángel Universal Purlimiek colabora el gran Maestro Poseidón, el estratega que está planificando y dirigiendo la operación de limpieza. Si se requiere una tormenta, un huracán, un terremoto o alguna otra forma de purificación, llama al Maestro Elemental apropiado, que a su vez manda a sus elementales que actúen.

~ El Maestro Elemental de aire es Dom, que ordena a los silfos que levanten el viento.

~ El Maestro Elemental de agua es Neptuno, que les dice a los duendecillos acuáticos, las sirenas y los *kyhils* que muevan las aguas.

~ El Maestro Elemental de fuego es Thor, que invita a las salamandras a avivar el fuego.

~ El Maestro Elemental de tierra es Taia, que pide a los duendes, elfos y gnomos que muevan la Tierra.

Sin embargo, si hace falta un terremoto para liberar la negatividad sepultada profundamente en la Tierra, la Señora

Gea y Poseidón se consultan mutuamente antes de dar órdenes a los seres elementales de limpiar un área a fondo pero respetuosamente. Los elementales están muy abiertos a la energía emocional de la gente y, cuando hay una gran cantidad de miedo acumulado, se ponen frenéticos, que es cuando se producen grandes daños.

Los humanos tienen una misión que cumplir ayudando a mitigar el impacto de algunos desastres. Tus oraciones, visualizaciones, bendiciones o comunicados pueden cambiar el curso de los acontecimientos en alguna parte.

EJERCICIO

Qué hacer para ayudar

1   *Bendice el terreno de donde se hayan extraído cristales, carbón o cualquier otra cosa.*

2   *Comunica tu gratitud a los espíritus de la Naturaleza. Con sólo sentarte en silencio en el césped, apreciando la belleza de tu jardín, ya les ayudas. Pero es aún mejor darles las gracias activamente y bendecirles por su labor.*

3   *Si estás cuidando el jardín, pide mentalmente a los elementales que te orienten y luego sigue tu intuición, que es como ellos se comunican contigo.*

4   *Abraza un árbol y escucha cualquier mensaje que tenga para ti.*

5   *Cuando las condiciones meteorológicas sean inclementes, permanece en calma y aplácalo todo con luz de color azul verdoso claro.*

6   *Cultiva y compra verduras ecológicas.*

7   *Camina descalzo por el terreno. Esto te ayudará a enraizarte, al conectar más profundamente con tu chakra Estrella de la Tierra.*

CAPÍTULO 25

Las abejas

Recuerdo los días dorados, sentada en prados cubiertos de flores silvestres, oyendo soñolienta el zumbido de gordos abejorros a franjas negras y amarillas y el de las abejas melíferas recolectando el néctar. Ahora se están desvaneciendo en silencio, abandonando sus colmenas y retornando al lugar de donde vinieron.

Las abejas proceden de las Pléyades. Vinieron en los días de la Atlántida Dorada para aprender la dulzura de la vida y para servirnos polinizando las flores. Nos enseñaron aspectos de la geometría sagrada y una vida comunal ordenada con una industria armoniosa. Incluso se dispusieron a compartir parte de su miel con nosotros.

Sin las abejas no podríamos sobrevivir en la Tierra. Necesitamos que polinicen nuestras plantas y árboles.

Durante milenios hemos explotado a estas generosas e industriosas criaturas. Les cogemos la miel, que producen para mantenerse fuertes y sanas en los meses de invierno, y les damos de comer a cambio pobres sustitutos, contaminamos su tierra y las desplazamos constantemente. Peor aún: hemos montado estaciones de emisión vía satélite, que las confunden y minan su resistencia. Están muy estresadas, lo que las hace presa fácil del ácaro de la varroasis.

¿Qué les ocurrirá a las abejas?

No es demasiado tarde para cambiar el modo en que las tratamos a ellas y al planeta, pero puede serlo pronto. Tenemos que aumentar la conciencia consciente de toda la gente posible a la grave situación de las abejas y de muchas otras criaturas que son esenciales para la supervivencia de la Tierra en su forma actual.

El pronóstico más alentador es que en el 2022 habrá un cambio de actitud mundial, de forma que se desaconsejará el uso de pesticidas y en muchos lugares se prohibirá. Las severas condiciones meteorológicas dañarán en muchas partes las estaciones de telefonía móvil que tanto proliferan, y también afectarán a los ordenadores y otras formas de comunicación. Nuestra atención estará centrada en otros asuntos más urgentes y ya no volverán a ser reemplazadas; no de la misma forma. Habrá una creciente comprensión de las necesidades de las abejas, los delfines, las ballenas y otras formas de vida avanzadas, y todas ellas serán respetadas.

En ese caso, las abejas que sobrevivan volverán a multiplicarse y a continuar felices su viaje en la Tierra.

Así pues, ¿qué podemos hacer?

El pegamento que nos mantiene a todos unidos, formando la Unidad, es el amor. Tu consciencia repercute en los cuerpos físicos, emocionales […] de todos los seres y puede afectar profundamente a dichos cuerpos. Si todas las personas con buena intención que hay en el planeta asumen la responsabilidad de sus pensamientos y emociones, y los dirigen hacia la salud perfecta y el bienestar de todos, la consciencia de nuestro mundo ascendería de la noche a la mañana. Se producirían drásticos cambios y nuestro planeta se convertiría en un lugar agradable para todos, incluidas las abejas, que prosperarían notablemente.

Puedes cambiar las cosas. Si te sientas unos minutos al día e imaginas a las abejas felices, sanas y libres, tu visión se sumaría a todos los demás retratos positivos y enviaría un mensaje de esperanza y aliento a todas las criaturas del mundo, no sólo a las abejas.

Cómo ayudan las conexiones espirituales

Nuestro mundo físico tridimensional es interpenetrado por seres de otras dimensiones, muchos de los cuales cuidan de nosotros. La mayor parte de las personas sabe que un ángel de la guarda vela por tu divino proyecto y por ti. También tienes un arcángel supervisor que no te pierde de vista, por no hablar de los otros muchos ángeles, unicornios y seres de luz que esperan ayudar. Siempre puedes pedirle al ángel de la guarda de alguien que aligere su carga, le abra puertas o cuide de él de muchas formas distintas. Tu plegaria entonces funciona como una gracia y eleva la frecuencia en torno al individuo necesitado, permitiendo a su ángel acercarse a él.

Las abejas y sus conexiones espirituales

Todas las criaturas reciben orientación y asistencia espiritual. Las abejas colaboran estrechamente con los duendes, que son elementales de tierra. Los duendes velan por la estructura del suelo y también ayudan a las abejas a polinizar las flores. A su vez, los diablillos, que son elementales diminutos (2,5 cm de alto) de tierra, aire y agua, trabajan con los duendes. A un nivel más cósmico, la Señora Gea está a cargo de la tierra del planeta y su alma sintetiza a la Tierra. Es uno de los seres supremos de la jerarquía angélica. Trabaja en armonía con el Ángel Universal Purlimiek, el ángel de la Naturaleza, y ambos consultan a los Maestros Elementales, que dirigen a los elementales, incluidos los duendes. Cada vez que envíes amor, aliento, agradecimiento y amabilidad a los duendes, ellos serán más capaces de ayudar eficazmente a las maravillosas abejas salvadoras. Tu gratitud y bendiciones tocarán sus almas y ayudarán a nuestro mundo.

EJERCICIO

Visualización para ayudar a las abejas

1   *Enciende una vela.*
2   *Imagina a las abejas felices, respetadas, prósperas y volando en enjambre de vuelta a sus colmenas.*
3   *Visualiza a la gente por todas partes apreciándolas de verdad.*
4   *Ve cómo se ríen los duendes mientras ayudan a las abejas a polinizar las plantas en todo el mundo.*
5   *Imagínalos a todos bañados en bello amor rosado.*
6   *Apaga la vela y envía la luz a las abejas y los duendes.*

CAPÍTULO 26

⚭

Los árboles

Los árboles ofrecen muchísimas cosas a nuestro planeta y necesitamos valorarlos y apreciarlos por su sabiduría y por los usos que nos brindan.

Son seres antiguos y sabios que guardan registros de la historia local y forman una red alrededor del planeta. Cada especie tiene una cualidad diferente que ofrecer al mundo. Por ejemplo, si deseas fortaleza y solidez, intuitivamente te apoyas en un roble. Recuerda esto: puedes invocar la ayuda de los ángeles y seres elementales etéreos, pero también puedes sintonizar con los árboles, y recibirás la asistencia que necesitas con mucho enraizamiento en la tierra.

Los grandes bosques son guardianes de la antigua sabiduría. La fijan y ayudan a mantener la energía del país en el que crecen. Incluso traen la luz de otros sistemas planetarios y la almacenan hasta que estamos preparados para ella.

Roble

Los robles encierran una energía magnífica: intensa, estable y resistente. Si conectas con uno o te sientas a su sombra, recibirás estas cualidades y te ayudarán. Sin embargo, están empezando a sentirse cansados porque ahora hay menos de ellos para guardar la sabiduría y la fortaleza. Necesitan reenergizarse y los humanos podemos ayudarlos en esto apreciándolos en lo que valen.

Fresno

El delicado fresno encierra sabiduría del Divino Femenino y te la impartirá encantado cuando estés preparado para ello. Adornan muchas líneas ley y ayudan a atenuar y equilibrar su energía con su discreto esplendor.

Olmo

Estos árboles te ayudan a ser despierto y poderoso, pero también te recuerdan que has de estar equilibrado. Actualmente su población está diezmada en el Reino Unido y el resto de Europa, así como en partes de América, por la enfermedad de los olmos. Esta enfermedad ya se manifestó otra vez anteriormente, en el siglo XVI. En aquel momento un enorme número de cadáveres de personas que habían muerto por la peste fue sepultado en las líneas ley, lo que las afectó de mala manera. Como los olmos son sensitivos, los que crecían a lo largo de las líneas se vieron afectados primero, y luego se propagó.

Cuando la energía de las líneas ley disminuye a causa de una obstrucción del flujo, impide a los árboles recibir la energía espiritual y psíquica que necesitan. Los olmos son particularmente susceptibles a esto. En época reciente, cuando se excavaron el túnel del canal de la Mancha y el de Dartford, este último bajo el Támesis, trastornaron de mala manera el flujo. Ahí fue cuando los olmos sucumbieron por segunda vez a la enfermedad de los olmos.

Se espera que la luz de alta frecuencia que va a venir purgue los bloqueos o redirija la energía, de forma que los olmos puedan crecer con vigor de nuevo. Y, cuando los humanos aumentemos nuestra consciencia, nos daremos más cuenta de las necesidades de aquellos con los que compartimos el planeta.

Álamo

Este árbol de crecimiento rápido es muy formal y te enseña a serlo tú también para que otros puedan contar contigo.

Caoba

Este poderoso árbol irradia magnificencia, así como fiabilidad, fortaleza y confianza.

Haya

Estos árboles bellos, elegantes y al mismo tiempo resistentes ayudan a los seres humanos con el perdón. Apóyate contra un haya o visualiza una de ellas y te ayudará a liberar el dolor, el trauma o el engaño mediante el perdón.

Acebo

El oscuro y espinoso acebo nos imparte esta lección: «No te fíes de las apariencias». Hay una razón para que las personas se comporten de forma hiriente o manifiesten rechazo, no hay duda; pero tiene que ver con sus sentimientos sobre sí mismas, no contigo. Recuerda esto cuando veas un acebo y te calmarás.

Espino albar

Estos árboles espinosos y a veces con aspecto descuidado te ofrecen protección. Protegerán tu hogar y tu jardín, y también a ti como individuo cuando estés en su espacio. Están llenos de compasión y amor, pero son poderosos guerreros cuando se trata de velar por los seres a su cargo.

Castaño

Éste es el árbol que nos enseña sobre la conciencia de la abundancia y el carácter juguetón. Ofrece esperanza y expectativas superiores, así como alegría y felicidad.

Plátano

Los plátanos son muy sensibles y empatizan con la vulnerabilidad humana; nos ofrecen protegernos de nuestra debilidad. Cuando te cobijan, sintonizan con tus sentimientos y te ayudan a sentirte mejor.

Abedul blanco

Este árbol es muy elegante, bello y fluido. Sus dones son la armonía y la vulnerabilidad; parecen opuestos, pero juntos te abren el corazón.

Abetos y pinos

Ambos tipos de árbol ofrecen sanación, rejuvenecimiento y regeneración. Te levantan el ánimo y te purifican. Pasear entre ellos puede devolverte la salud y elevar tu consciencia a la quinta dimensión si estás listo para ello.

EJERCICIO

Visualización para ayudar a los árboles

Si puedes, haz esto de pie o sentado bajo un árbol aislado, o en una arboleda o un bosque. Y si eso no es posible, visualízate a ti mismo apoyado contra el tronco de un árbol.

1   *Toca la corteza y nota su tacto en la punta de los dedos. Ésta es la piel, la protección exterior. Piensa en cómo será la sensación por debajo; siente cómo, poco a poco, te vas fundiendo con el árbol.*
2   *¿Cómo sientes las raíces? ¿Te notas sostenido por ellas?*
3   *¿Cómo es de sólido tu tronco? ¿Fluye libremente la energía desde las raíces?*
4   *¿Cómo son tus ramas? ¿Tienen espacio para crecer? ¿Están verticales o se encorvan hacia abajo? ¿Qué sensación te producen?*
5   *¿Tienes hojas, frutos, flores? Siéntelo.*
6   *Aspira las cualidades que el árbol te está ofreciendo; acéptalo como un regalo.*
7   *¿Qué necesita el árbol de ti? Dale lo que puedas.*
8   *Da las gracias al árbol y retira tu energía de él.*
9   *Nota cómo te sientes.*

CAPÍTULO 27

Población

Casi siete mil millones de almas han obtenido permiso para encarnarse en los últimos tiempos a causa de la posibilidad de equilibrar karma y de las increíbles oportunidades para el desarrollo espiritual. El planeta está a punto de reventar por las costuras, y este número no será sostenible por mucho tiempo. Y no sería permitido si no fuese por las extraordinarias energías a las que vamos a poder acceder en los próximos años. Pues el que un planeta se desplace de la tercera a la quinta dimensión en el lapso de una vida humana es algo nunca visto hasta la fecha. Es más, la Tierra es el Everest de las experiencias y son almas muy valerosas las que solicitan venir aquí. Por esta razón, la Fuente ha respondido favorablemente a las peticiones de seres de todos los universos, permitiéndonos estar todos juntos aquí y ahora.

Las dificultades producidas por la actual confusión son enormes, y se intensificarán cuando las personas y las comunidades tengan que decidir si abrir sus corazones y admitir a aquellos que están en peor situación que ellas o cerrarlos y prohibirles la entrada.

Una maravillosa decisión por la luz fue la tomada hace un tiempo por Alemania Occidental en el sentido de abrazar a la población de Alemania Oriental cuando cayó el Muro de

Berlín. Los alemanes occidentales decidieron admitir a sus hermanos del Este, aun cuando eso perjudicase su economía. Fue una verdadera decisión espiritual, que ha elevado la vibración general de Alemania.

China se enfrentó a una decisión difícil al encontrarse de pronto tan superpoblada que vio amenazada su supervivencia. Se decretó que las parejas sólo podrían tener un hijo; de lo contrario, el país reventaría por la cantidad de almas entrantes. Esto ha creado un interesante dilema espiritual, porque millones de almas en todo el mundo se han conectado a una madre teniendo la seguridad de que ésta abortaría. Esas almas escogieron ese destino porque les ofrecía la oportunidad de experimentar los cambios de la Tierra a través de las familias a las que se vinculaban, aunque no se encarnasen del todo.

Y luego se presentó una paradoja divina. Muchas de esas almas se quedaron atrapadas en el aura de la Tierra. Habían experimentado las emociones humanas, se sintieron rechazadas y conmocionadas cuando abortaron, y el resultado es que ya no pueden encontrar el camino a la luz. En este momento hay millones de almas atrapadas que están bloqueando los campos energéticos del planeta, especialmente en aquellos países donde el aborto es un método anticonceptivo generalizado.

Cuando el alma de un niño que nace muerto, o que aborta de forma natural o provocada, no es reconocida, puede impactar profundamente en la madre y a veces en el padre. Cuando una pareja se da cuenta de esto, podría celebrar una pequeña ceremonia para ayudar a su hijo a pasar. Por lo menos podría encender una vela por el alma, bendecirla y ayudarla a alcanzar la luz. Una vez hecho esto, ya puede

160

volver a aprender de la familia sin recurrir a su energía ni debilitarla.

Después del 2032, en las comunidades pentadimensionales todos los bebés serán deseados. La paternidad volverá a ser considerada como la mayor responsabilidad espiritual que un adulto puede asumir en la vida. Será otra vez como en la Atlántida Dorada. Si una pareja está preparada para tener un bebé, meditará sobre la clase de alma a la que podría servir mejor. Luego, ambos invitarán a un espíritu como ése a conectar con ellos, y el acto sexual atraerá al alma del niño o la niña hasta el vientre materno para ser concebida. El bebé será recibido con amor por los padres y por la comunidad entera.

Una vez que una persona se ha encarnado, no puede morir a menos que su alma y la Fuente estén de acuerdo. Sin embargo, en estos increíbles tiempos el Señor ha determinado que millones de ellas perezcan, llevándose cada una consigo un poco de la negatividad del planeta en calidad de servicio.

Está previsto que la población va a reducirse considerablemente en los próximos veinte años. Menos almas decidirán nacer y muchas de las que están elegirán avanzar, a menudo con la familia y amigos, para experimentar otro planeta o plano de existencia. Ésta es otra de las razones de que en un futuro próximo vayamos a vivir de nuevo en comunidades más pequeñas y cooperadoras.

Como los cambios venideros ocasionarán muchas dificultades, las personas abrirán sus corazones y querrán ayudarse entre ellas. Como consecuencia, se producirá una cooperación internacional masiva allá donde haya desastres naturales. Los países y las razas empezarán a comprender que las diferencias son sólo superficiales. Las distintas culturas comenzarán a honrarse y respetarse mutuamente.

En el 2032 habrá una relajación de las fronteras internacionales y la paz prevalecerá en gran parte del planeta. La crisis de sanación realmente está haciendo que nuestro mundo cambie.

Ayudar a las almas atrapadas a pasar

Esto ayudará a despejar los campos energéticos de la Tierra; necesitarás emplear protección psíquica porque muchas de las almas atrapadas están necesitadas y pueden pegarse a ti. El objetivo es encaminarlas a la luz, ¡no que se queden contigo!

1 *Enciende una vela y conságrala a ayudar a muchas almas a pasar.*
2 *Pide al arcángel Miguel que te ponga su capa de protección de color azul intenso. Siente cómo te la pone. Luego, abróchala desde los pies hasta la barbilla y échate la capucha sobre la cabeza, de forma que cubra tu Tercer Ojo (en la frente).*
3 *Invoca el Rayo Dorado de Cristo para que te proteja. Hazlo tres veces y siente la energía protectora que se forma a tu alrededor.*
4 *Forma mentalmente una columna de luz que salga de ti y llegue a los cielos. Hazla todo lo brillante y poderosa que puedas.*
5 *Llama a la Madre María y a sus ángeles. Pídeles que lleven las almas atrapadas a la luz y ayúdales a ele-*

varlas por la columna luminosa hasta el cielo. Puedes nombrar un sitio o país en particular si así lo deseas. Las almas perdidas tienden a congregarse en las ciudades.

6   *Puede que tengas la sensación de que muchas personas te están diciendo adiós con la mano cuando entran en la luz. Puedes incluso oírlas expresar su agradecimiento.*

7   *Invoca al arcángel Gabriel para que derrame su luz blanca y pura sobre ti y a través de ti para purificarte totalmente y asegurarte de que no se ha pegado nadie a ti.*

8   *Da las gracias a la Madre María, a sus ángeles y al arcángel Gabriel.*

9   *Tal vez te convenga tocar un cuenco tibetano u otro instrumento musical para purificar la habitación.*

CAPÍTULO 28

Niños

Está previsto que en el 2032 el 17 % de los bebés nacerá con sus doce filamentos del ADN activos. Esta cifra podría aumentar si hay suficientes adultos de alta frecuencia para traerlos al mundo y cuidarlos como es debido. Como más adultos están abriendo sus doce chakras, podría muy bien suceder así.

Como estos niños serán telépatas, videntes y psíquicos a todos los niveles, y tendrán dones extraordinarios (como la capacidad de efectuar el aporte, la teleportación y la levitación, así como de comunicarse con otras formas de vida y de sanar), sus padres han de ser capaces de entender y fomentar sus talentos.

En la Atlántida Dorada todo niño era llevado al sacerdote local, quien leía sus vidas pasadas y reconocía las especialidades individuales que el alma portaba. Luego, sus habilidades específicas eran desarrolladas por los progenitores, la comunidad y la escuela, de forma que el niño pudiera dedicarse a aquello que amaba y que se le daba mejor. Esto era una receta para fomentar vidas felices, satisfechas y realizadas. En el 2032 esto ocurrirá de nuevo y la mayoría de la gente sentirá mucha más satisfacción del alma que la que llevamos experimentando milenios. Como planeta, empezaremos otra vez a darles a los niños lo que necesitan en lugar de lo que queremos para ellos.

Niños añil, cristal y arco iris

Ya ha venido de Orión, el planeta de la sabiduría, una oleada de almas. Son los niños añil, cristal y arco iris, que nacen ya iluminados. Por desgracia, a causa de las bajas frecuencias del entorno, muchos de ellos se cierran a sus talentos o retiran parte de su energía anímica y se vuelven autistas. Algunos necesitan espacio para ejercitar su energía y Naturaleza que les equilibre y contenga. Si se les niegan, se vuelven hiperactivos y con frecuencia revoltosos. Necesitan estar rodeados de altas vibraciones, felicidad, música bella y cualidades pentadimensionales; ser criados con alimentos puros y ligeros y agua pura; y ser queridos de verdad.

Estos niños iluminados no han experimentado más planeta que el de su hogar, Orión. Han sido preparados por sus sabios maestros para encarnarse en la Tierra y ayudar a traernos una ola de iluminación. Pero no hay nada que pueda hacer que un ser esté preparado para semejante cambio de vibración.

Los unicornios están tratando de ayudar a estos niños, y los padres pueden colaborar hablándoles de esas poderosas criaturas heptadimensionales, que son las más puras entre los puros.

Los unicornios tienen una empatía especial con los niños iluminados, sobre todo con aquellos que tienen dificultades con su encarnación. Les ayudan a conectar con la intención original de su alma y a enraizarla.

A medida que aumentemos nuestra frecuencia aquí en la Tierra, será más fácil para los seres de Orión vivir entre nosotros. De modo que más de estos niños de alta frecuencia nacerán durante los veinte años posteriores al 2012 y ejercerán un gran impacto positivo en la consciencia del planeta.

¡Pero ten en cuenta que no todos los niños autistas o difíciles son niños añil, cristal o arco iris!

Niños estrella

Hay muchos que siguen viniendo a la Tierra desde otros universos, estrellas y planetas. Nos traen muchos dones, aunque algunos vienen simplemente para experimentar la vida en este plano.

Algunos de ellos no habían estado aquí antes, pero incluso algunos de los que sí habían estado se ven incapaces de arreglárselas con los valores morales de las escuelas actuales. Están buscando formas pacíficas de relacionarse. En los colegios de hoy no sólo se mezclan distintas culturas, sino almas de muchas partes diferentes de los distintos universos. Es algo a lo que no estamos acostumbrados en nuestro sistema, pero en el futuro lo estaremos; y lo favoreceremos. Surgirán nuevos movimientos que nos enseñarán a entendernos mutuamente y a relacionarnos con consideración. Eso influirá mucho en cómo se sienten los niños, que tendrán herramientas de expresión adecuadas.

Estos niños necesitan estar activos y demandarán espacio, deporte, tiempo en la Naturaleza y diversión. Son muy sensitivos y sintonizan con el reino de los elementales. Muchos de ellos tienen una enorme compasión, que es otra de las razones de que les resulte tan difícil vivir en la Tierra. Algunos están muy conectados con los animales. Tienen un tesoro de perspicacia, sentimientos y empatía que ofrecernos, pero a muchos adultos les resultará difícil de entender.

Cuando sus familias o sus profesores conectan con ellos a la vibración exacta, ellos se expanden, abren sus corazones y brillan. Pero como son tan sensibles, si no se les comprende, pueden cerrarse en banda. Y entonces ya nunca sabrás cómo son en realidad.

Es realmente importante reconocer esto y necesitamos formar profesores y Trabajadores de la Luz para que sintonicen con ellos.

Almas viejas y sabias que están naciendo

Muchas almas antiguas y sabias están regresando ahora a la Tierra para ayudar con la transición entre el 2012 y el 2032. Son unos momentos en los que se necesita ampliar las comunidades de un modo pentadimensional.

A causa de la limpieza planetaria vamos a necesitar muchas almas sabias y compasivas para confortar a quienes hayan perdido su hogar o a seres queridos. Más importante aún, son necesarias como rayos de esperanza que sustenten la visión del glorioso futuro para aquellos que estén abatidos o hayan desesperado en los tiempos difíciles.

Niños probeta

Los niños nacidos como resultado de la fecundación in vitro proceden de otros universos y no habían estado nunca en la Tierra. Vienen sin conexiones de vidas pasadas con los miembros de su familia. Son muy especiales no sólo porque son tan deseados, sino también porque son totalmente inocentes, completamente nuevos en la Tierra. Como son tan puros y están tan bien dotados, pueden sintonizar con las necesidades de sus padres y sanarles.

En la concepción convencional hay una oleada de emoción cuando el esperma se reúne con el óvulo para convertirse en el feto. Esa emoción no está ahí en el caso de los niños probeta. Hay una oleada de estas almas entrantes que tienen la habilidad de distanciarse y examinar las cosas desde una perspectiva diferente. Muchos de ellos son una verdadera bocanada de aire fresco y cambiarán para mejor cosas aceptadas desde hace mucho: algunas en el ámbito de la familia, y otras a nivel global.

Aunque les habrán preparado para su viaje por este planeta, puede que no lo entiendan del todo y que necesiten ayuda.

Tengo una amiga cuya hija ha tenido una niña probeta muy querida y deseada. Tal vez no nos hayamos encontrado nunca antes en la Tierra, pero la cría tiene una poderosísima conexión cósmica conmigo, así que ambas compartimos un estrecho vínculo del alma. Estaba previsto que la visitaría por la tarde al poco tiempo de nacer, pero esa misma mañana la oí llamarme, así que lo dejé todo y fui a saludarla cogiéndola en mis brazos.

Almas nacidas después del 2012

Después del 2012, las almas que nazcan tendrán un contrato para prestar servicios de un modo u otro. Aunque sólo vivan unas horas, harán su parte para ayudar en la transición planetaria. Pueden generar y fijar una energía especial, o bien llevarse consigo de vuelta a los reinos espirituales algo de negatividad de la Tierra para colaborar en su limpieza, o emprender cualquier otro cometido.

Educación

En muchas partes del mundo con frecuencia se considera a los niños como bienes muebles. A menudo los padres esperan de sus hijos que se amolden a sus ideas y estilo de vida, de modo que los controlan. Pocos consideran de verdad que sus vástagos son almas únicas cuyos talentos individuales necesitan ser fomentados. A veces son puestos en manos de canguros cuestionables o inmaduros y matriculados en colegios donde otros niños pueden abusar de ellos, donde se les llena la cabeza de información aburrida y a veces errónea y donde sus almas son constreñidas e idiotizadas.

Pero esto cambiará.

A medida que avance el período de veinte años, la educación se hará más conveniente para los niños, no para los adultos que la administran. Las enormes escuelas basadas en un modelo de negocio para satisfacción del ego de los políticos ya no se considerarán adecuadas para las futuras generaciones, cuando la humanidad caiga en la cuenta de que necesitamos querer de verdad a nuestra descendencia. Las escuelas comunitarias sustituirán a los antiguos colegios y los niños florecerán.

Se tratará de imbuirles menos las ideas de otras personas y de cultivar más sus dones innatos. La educación será equilibrada respecto a ambos hemisferios cerebrales, y se fomentará la expresión creativa y la comunicación sincera. Estas pequeñas escuelas locales permitirán que los niños crezcan contentos, equilibrados y desarrollados, listos para la edad de oro.

Música

Los sonidos armoniosos introducen armonía en la vida de los individuos. En las escuelas se pondrá música para sanar y tranquilizar a los niños, de forma que puedan aprender más fácilmente.

EJERCICIO

Visualización para ayudar a los niños en todas partes

1   *Si puedes, enciende una vela y pon música suave.*
2   *Cierra los ojos y relájate.*
3   *Visualízate a ti mismo en un bello prado a la luz de la luna.*
4   *De pronto aparece una gran luz blanca y un enorme y magnífico unicornio se detiene ante ti. Te saluda y te invita a montar en su lomo, cosa que haces cómodamente y sin esfuerzo. Te sientes totalmente a salvo.*
5   *Ahora te das cuenta de que están llegando unicornios de todas direcciones, cada uno llevando a lomos un niño. Te rodean cientos, miles de niños montados en sus unicornios.*
6   *Ahora, a caballo en tu unicornio, les conduces por el universo.*
7   *Llegas a una vasta sala de aprendizaje que se encuentra en los Planos Interiores.*

8   *Los niños permanecen montados en sus unicornios mientras un gran ser de luz se dirige a ellos telepáticamente, recordándoles sus divinas misiones en la Tierra.*

9   *Suena una música angélica especial y ves cómo el miedo sale de las auras de los niños y asciende como una nube oscura para transmutarse en luz.*

10 *Los ángeles de amor del arcángel Chamuel tocan a todos los niños y los corazones de éstos se abren y brillan.*

11 *El arcángel Miguel está llenando la sala de luz azul, que penetra en las auras de los niños*

12 *Cada niño que has traído contigo ha sido tocado y ayudado; ya es hora de volver. Te pones otra vez a la cabeza de la comitiva, pero ahora de vuelta al prado.*

13 *Te siguen miles de luces, pues los corazones de los niños brillan como faros.*

14 *Ya en el prado, dales las gracias por acompañarte. Luego, acepta su clamor de agradecimiento a ti.*

15 *Obsérvalos mientras se dispersan para volver a sus lugares de origen.*

16 *Desmonta de tu unicornio. Dale las gracias y contempla cómo desaparece, sabiendo que volverá siempre que lo necesites.*

17 *Abre los ojos y sabe que has prestado un gran servicio.*

CAPÍTULO 29

Poder popular

El mundo está comenzando a ver el auge del poder popular. Cuando los individuos de todo el planeta empiecen a tener sentido de la responsabilidad, tomarán sus propias decisiones. En todas partes los ciudadanos están reclamando libertad, honestidad, paz y justicia. El viejo paradigma de guías y guiados, ricos y pobres, autoridad y sumisión, adversarios políticos o dictadura, está perdiendo su fuerza. La cocreación y la cooperación se están ya haciendo posibles.

En el 2032 el Parlamento Europeo habrá desaparecido. El presidente Mugabe de Zimbabue y el ayatolá de turno se habrán ido hace mucho, y la gente recordará con estupefacción todo lo que soportó. Los talibanes y los últimos señores de la guerra desaparecerán poco después de esa fecha. Los estados policiales serán cuestionados en todas partes. La gente se revolverá contra el espionaje del Gran Hermano, incluyendo cualquier sugerencia de implantar microchips.

Cuando el daño causado por las drogas farmacéuticas y los alimentos procesados realmente llegue a la conciencia pública, el poder popular garantizará la vuelta a los antiguos métodos de sanación más suaves y cuidadosos y a la buena comida.

El público exigirá que se revelen los secretos del Vaticano. Más importante aún, volverán a salir a la luz algunos manuscritos originales de los esenios –la tribu a la que pertenecía Jesús– que actualmente se conservan en los archivos vaticanos. La gente verá su trascendencia espiritual y empezará a comprender la verdad sobre María Magdalena, una de las discípulas más grandes de Jesús y portadora del Divino Femenino.

Como todos los secretos han de ser revelados, el edificio […] será demolido si alguno de los secretos se oculta.

Habrá un movimiento internacional para prohibir los productos modificados genéticamente y eso sucederá en el 2022. Cuando la frecuencia espiritual aumente, la presión pública conseguirá que se ilegalicen la clonación, algunos trasplantes y todos los experimentos con animales. Habrá un movimiento de las bases de vuelta a lo natural y ecológico.

El crimen organizado disminuirá y se acabará en todo el mundo cuando las poblaciones eleven su consciencia y se muevan hacia los flujos de Unidad por todo el planeta. La Mafia y las tríadas serán nombres del pasado y en el 2032 la gente se sorprenderá al recordar sus actividades. Mucha de su riqueza e influencia se ha basado en el tráfico de drogas. Cuando la gente sea más feliz, cuando se enriquezca con sus conexiones espirituales y sienta arraigo hacia sus comunidades y hacia la Tierra, en su mayoría ya no recurrirá a sustitutos adictivos. En lugar de eso, dirigirá su energía a cocrear las nuevas comunidades.

Inevitablemente habrá algunos individuos que no puedan arreglárselas en la vida sin el apoyo de sustancias que alteran el estado de conciencia, pero su tratamiento será muy diferente del actual: las terapias naturales les ayudarán a reequilibrar sus chakras y el amor de la comunidad les sostendrá.

En el paradigma previo al 2012, las masas entregaron su poder a los líderes y, con él, la responsabilidad de sus vidas. En el nuevo, todo individuo será tratado como una importante parte contribuyente de la sociedad.

Hacerse cargo del propio destino

Esta semana presta atención a cómo tomas las decisiones en cada área de tu vida. ¿Las aplazas, o las tomas rápidamente y con claridad? Date cuenta de cómo asumes la responsabilidad de tu encarnación. Si te sientes como una víctima, u otra persona cualquiera controla tu vida, decide qué puedes hacer para ser más fuerte. Puedes conferir poder al gobierno, a tu médico, a tus hijos, a tu pareja, a tu jefe o a cualquier otra serie de personas. Pero domina la situación y poco a poco, con cuidado, lleva ese poder al sitio al que pertenece.

Afirma esto: «Me hago responsable de mi propio destino».

CAPÍTULO 30

Iniciación y crucifixión

Una iniciación es un rito de paso a un nivel mucho más elevado de evolución. Hay siete etapas y cada alma, con la ayuda de los arcángeles, escoge la prueba que más le conviene. Las pruebas pueden ser tan duras que pondrán en peligro la vida o la salud del individuo. Eso quiere decir que la persona da algo importante a cambio de recibir dones del espíritu superiores.

El sufrimiento que conlleva actúa como agente limpiador y purificador a nivel del alma. Por lo general la persona emprende algo así por la colectividad y ayuda de ese modo a mucha gente.

Algunas personas se someten a varias iniciaciones en una sola vida. Otras lo hacen a lo largo de muchas vidas. Y un alma puede decidir retomar iniciaciones aun cuando ya haya pasado por ellas en encarnaciones anteriores. Recuerda que es el alma la que decide, no la personalidad encarnada en la Tierra.

A causa de las oportunidades de desarrollo espiritual que hay ahora y que va a seguir habiendo en los próximos años, muchas almas están afrontando estos retos espirituales. Es una de las razones de que haya tanta gente pasando por momentos difíciles. A menudo familias enteras se someten juntas a la iniciación. Por ejemplo, si un miembro de la familia sufre una operación delicada, un accidente, la enfermedad de un niño, la pérdida de un trabajo o cualquier otro problema, puede ofrecer a todos en ese grupo las condiciones necesarias para sus respectivas iniciaciones.

Todavía recuerdo el horror que sentí cuando John McCarthy fue detenido a punta de pistola y encarcelado en Beirut por la Yihad Islámica. Fue mantenido en cautividad, encadenado, durante más de cinco años. Cuando leí el libro que escribió sobre el tema, no podía soportarlo. Temblé de horror durante toda la lectura. Sabía que eso fue una iniciación para él, ¡pero me quedé más que sorprendida al enterarme de que era su primera iniciación! Tuvo que ser una experiencia espantosa.

En cambio sentí algo muy diferente con la captura y encarcelamiento de Brian Keenan y Terry Waite por este mismo grupo, y más tarde comprendí que ambos estaban pagando karma.

La primera iniciación pone a prueba el cuerpo físico y tiene como resultado el despertar espiritual. La persona que se ha sometido a ella es ahora un discípulo espiritual, se dé cuenta de ello o no. Para algunos individuos la iniciación puede ser ya el parto mismo.

La segunda iniciación conlleva hacerse cargo de las emociones y es una de las más difíciles de conseguir. A veces hacen falta muchas vidas para dominar el cuerpo emocional y estar listo para este desafío. Con frecuencia la persona piensa que las pruebas que conlleva son pagos kármicos, cuando lo cierto es que está pasando por una iniciación espiritual.

Una señora que conozco, a la que llamaré Annabel, se enamoró por primera vez a los treinta años. El hombre estuvo dando la vara hasta que se salió con la suya y logró que se acostaran una noche. Annabel se quedó embarazada y, después de pasar mucha angustia, decidió abortar. El trauma que pasó fue su segunda iniciación y todos los hombres implicados desempeñaron bien su papel en cuanto a ponerle las condiciones.

Después de los retos físico y emocional viene el tercero, la iniciación mental. Cuando se somete a ella, el discípulo adquiere el dominio de sus pensamientos y los emplea constructivamente.

Una amiga mía, Truda, una rubia chispeante, vital y alegre, es una apasionada de los ángeles. Es Maestra del Reiki y ayuda a muchas personas. Un día se sintió mal, pero pensó que era la gripe. Al cabo de unos días empeoró y finalmente la llevaron al hospital a toda prisa. Se supo que tenía un caso muy grave de septicemia y que los médicos no creían que pudiese sobrevivir. En ese punto, se quedó dormida y tuvo la clásica experiencia próxima a la muerte.

Se encontró caminando por un oscuro túnel al final del cual se veía una luz deslumbrante, llena de ángeles. Pero se le dijo que aún tenía trabajo que hacer y que debía regresar.

Luego, la llevaron a toda prisa a otro hospital para operarla del corazón a vida o muerte. Nos dijeron que iban a tener que extirpar un riñón, ya que estaba gravemente infectado. Cientos de personas respondieron y rezaron por ella y encendieron velas. Después se supo que estaba demasiado enferma para que el cirujano la operase del riñón o el corazón, lo que fue una bendición porque se libró de que se lo extirparan.

Kumeka me dijo que Truda estaba atravesando su tercera iniciación. Por medio de sus cuerpos físico y mental estaba eliminando casi todo el karma ancestral de toda su familia desde tiempos inmemoriales, lo que en sí mismo es una empresa tremenda. También estaba pasando parte del miedo de la Atlántida a través de su sistema.

Truda estaba gravísimamente enferma, pero se recuperó con la ayuda de una válvula cardíaca protésica, una multitud de plegarias y la ayuda en masa de los ángeles. Por ejemplo, un día estaba yo sentada tranquilamente junto a mi estufa de leña escuchando cantos gregorianos. Encendí unas velas y me senté para concentrarme en enviarle sanación a Truda. De pronto, un destello del verde esmeralda más vivo y más alucinante que he visto pasó a través de mí. Era el arcángel Rafael, que aprovechaba la ocasión para sanarla por medio de mi persona. Fue algo sobrecogedor.

Pregunté a Kumeka por qué era su tercera iniciación, la mental. Me respondió que había afectado a sus ideas sobre sí misma y sobre el mundo. Y, desde luego, su vida cambió. Empezó a estar mucho más serena y satisfecha y se abrió a nuevas posibilidades espirituales.

La iniciación más desoladora es la cuarta, conocida como la crucifixión. Jesús la experimentó en el Gólgota. Implica ofrecerte a ti mismo a nivel emocional y te pone a prueba con tus peores miedos con objeto de extraer parte del temor de la consciencia colectiva. Frecuentemente conlleva rechazo y pérdida a nivel personal y emocional. Sin embargo, en el plano espiritual es la vía de entrada a algo superior.

Una amiga mía pasó por esta iniciación al sufrir la pér-
dida de sus hijos y nietos, que inesperadamente se fueron a
vivir al otro extremo del mundo. Habían sido toda su vida.
Tuvo que adaptarse, y se convirtió en una sanadora, dedi-
cando su vida a ayudar a otros. Unos años después tuvo
otra iniciación a través de la enfermedad de su hermana.

Mi crucifixión duró casi veinte años. De nuevo tuvo que ver con la pérdida de todo cuanto conocía. Ahora comprendo que el trauma emocional fue una extraordinaria oportunidad de desarrollo espiritual, orquestada por mis guías y ángeles. Me presentó las circunstancias de mi cuarta iniciación. Al mismo tiempo, brindó a la mayor parte de mi familia la ocasión de acometer su segunda o tercera iniciaciones.

Lo que parecían muchas vidas destrozadas fue, desde una perspectiva superior, una enorme oportunidad espiritual. Bendigo a todos los afectados. También me demuestra gráficamente que nadie puede nunca juzgar a otros. Tuve que desprenderme de todo para dar cabida a los ángeles en mi vida.

Algunas personas lo pasan muy mal cuando se someten a su quinta iniciación, que es la preparación para el camino de ascensión. Ahí es cuando tienes acceso a tu mónada o Presencia Yo Soy y te apuntas al servicio del cosmos. Esta iniciación fue fácil para mí, pues he pasado por ella muchas veces en otras vidas. En respuesta a la sensación de que era el momento oportuno, me reuní con dos amigos y realizamos una meditación en la que nos ayudamos mutuamente en las primeras etapas de la ascensión. Curiosamente, uno de ellos lo consiguió primero y luego nos ayudó a los otros dos a hacerlo también.

La sexta iniciación es la ascensión y para muchos es relativamente sencilla después de toda la preparación que han tenido. Sin embargo, si has leído el fascinante libro de Elizabeth Haitch titulado *Initiation,* ésa fue precisamente en la que fracasó. Las consecuencias del fracaso son terribles. En su caso, tuvo que volver a empezar desde cero y aprender de nuevo las lecciones de la vida. Fue algo semejante a un universitario que tiene que ir otra vez al jardín de infancia. Conozco a otra persona que fracasó en esta iniciación y tuvo que reencarnarse con gran sabiduría pero sin poder para expresarla.

Hay una séptima iniciación. Tiene lugar fuera del cuerpo, después de morir, durante las deliberaciones sobre tu próximo paso. Para tener éxito en ella has de estar dispuesto a hacer lo que sea por el bien supremo.

Repasa tus pruebas y retos

Tómate tu tiempo para examinar las pruebas y retos a los que te has enfrentado hasta llegar a ser la persona que eres. ¿Te ha cambiado alguno de ellos? Viendo tu vida en retrospectiva, ¿puedes ver a otras personas y a ti mismo de otra forma al saber que tuviste que experimentar todo eso para conseguir llegar hasta donde estás ahora?

Parte 3

2032 y más allá

CAPÍTULO 31

La tecnología en el 2032

La gente me pregunta con frecuencia si habrá teléfonos móviles y televisiones en el 2032. ¿Qué habrá ocurrido con Internet? ¿Habrá coches?

En el 2032 la mayoría de la gente habrá anclado sus doce chakras y se habrá abierto psíquica y espiritualmente a algunos de sus dones codificados genéticamente. En general, las personas entonces se comunicarán telepáticamente o al menos estarán tan en sintonía unas con otras que los teléfonos ya no serán necesarios. Sin embargo, seguirá habiendo unos pocos que sigan comunicándose por teléfono. Pero, lo que es más importante, seguirán usando algunas de las mismas bandas de frecuencia que son tan perjudiciales para las abejas, los delfines y las ballenas. Pero ya no será de ningún modo algo tan extendido y general. También habrá mucha más concienciación sobre el daño que pueden infligir determinadas longitudes de onda, de modo que la gente las evitará.

¿Tendrá televisor la gente? Muy posiblemente, en el desván u olvidado en algún cobertizo. La tecnología habrá avanzado y ya nadie querrá televisión. Es algo parecido a preguntarle a alguien ahora si tiene gramófono.

Internet seguirá estando disponible, aunque será mucho más sofisticada que lo que tenemos ahora y estará basada en la tecnología espiritual, similar a la de la Atlántida Dorada. La banda será mucho más ancha y estará a una frecuencia mucho más elevada, y sólo transportará información positiva o edificante. Como la mayoría de la población será pentadimensional, no estará interesada en el tipo de tráfico que vemos hoy día.

Tecnología espiritual

Por una parte, la vida será bastante sencilla y natural. Por la otra, estará disponible una formidable tecnología espiritual, que no tendrá nada que ver con lo que conocemos ahora. Todas las cosas estarán a una frecuencia muy superior que no podemos ni imaginar.

Los ángeles prometieron hace mucho que se harían visibles a los ojos de la humanidad. Lo hicieron influyendo en científicos de mentalidad abierta para que crearan cámaras digitales a una frecuencia tal que los reinos espirituales pudieran trabajar con ella. Los ángeles fueron entonces capaces de reducir su vibración de forma que sus cuerpos luminosos pudiesen ser captados por la cámara y plasmados en las fotos. El resultado de esto es el fenómeno de los denominados *orbes*, que ha causado sensación en todo el mundo cuando la gente se ha dado cuenta de que hay ángeles. Asimismo, más científicos recibirán consciente o inconscientemente descargas de información del mundo del espíritu y las desarrollarán en beneficio de la humanidad.

La física subatómica nos dice que los pensamientos del experimentador afectan al resultado del experimento, pero esto es sólo la punta del iceberg. Pronto los físicos reconocerán que el pensamiento concentrado, especialmente si una serie de personas entrenadas en control mental trabajan en grupo, puede hacer que aparezcan objetos físicos. Cuando los humanos pentadimensionales desarrollen sus mentes superiores y se concentren en la creación por el bien supremo, habrá un cambio exponencial en nuestro entendimiento y en el uso de nuestros poderes. Cuando nos abramos de nuevo a nuestro pleno potencial psíquico, seremos capaces de crear cosas extraordinarias y beneficiosas.

La tecnología del cristal se habrá desarrollado tanto que se abandonará el uso de chips de silicio en los ordenadores, pues se volverá a programar cristales en beneficio de la humanidad.

Los rayos láser se emplearán para soldar huesos. Los médicos serán capaces incluso de curar con ellos fracturas de columna aplicando el poder del pensamiento y la intención. La nueva medicina se centrará en equilibrar los chakras del paciente con sonido y luz, aunque las hierbas y los productos naturales ayudarán a todo el mundo a mantener el máximo flujo de energía en el cuerpo. Los sanadores emplearán la mente para elevar a la persona que necesita atención a la luz de la Divina Perfección, de modo que mantenga una salud perfecta.

Todo será biodegradable. Veremos vehículos hechos con productos vegetales y estarán propulsados por aceites vegetales o agua. Los productos vegetales serán refinados hasta transformarlos en materiales flexibles, duraderos y ecológicos, que sustituirán a los derivados del petróleo y a la mayoría de los metales.

Naves espaciales

Con la nueva tecnología disponible y los nuevos materiales, los seres humanos volverán a explorar el espacio; pero la exploración avanzada sólo será posible cuando se instauren la paz y la cooperación internacionales. Luego los proyectos espaciales tendrán éxito porque la intención será muy diferente de la actual. A pesar del nombre del *Challenger*,[2] o quizá precisamente por el accidente que sufrió, la energía de los nuevos transbordadores se transformará en algo humilde y lleno de temor reverencial. Cuando los humanos estén movidos por el deseo de explorar la creación de Dios y conectar afectuosamente con otras galaxias, los reinos espirituales colaborarán en armonía con la ciencia.

Iluminación y calefacción

Será proporcionada por la luz del sol u otras energías naturales, que serán captadas y acumuladas en baterías compactas. La gente también será capaz de iluminar cristales a la manera de la Atlántida Dorada.

Hay una paradoja divina en la tecnología de la nueva edad de oro. Cuando los avances tecnológicos nos permitan volver a hacer cosas asombrosas, más gente querrá volver a conectar con el amor de la Tierra. La jardinería, el senderismo, el montañismo, el ciclismo y los deportes al aire libre de todas clases serán más populares que nunca.

Ropa

Se habrán descubierto nuevos materiales ligeros, transpirables y que proporcionarán la temperatura perfecta para el cuerpo. En todo el mundo habrá un consenso para vestir

---

2   En castellano significa 'desafiador', 'contrincante' *(N. del T.)*.

trajes sencillos y de una pieza, semejantes a monos ajustados que serán adecuados para invierno y verano, para casa y para la calle, e increíblemente cómodos y fáciles de llevar.

Pero habrá muchas personas, sobre todo mujeres, que llevan años reprimidas, que decidirán expresar su femineidad poniéndose preciosos vestidos hechos de materiales deslumbrantes. Los hombres también se harán más libres en la forma de vestir. Sin embargo, la moda no será importante.

No habrá ego, ni rivalidad, así que todo el mundo estará encantado de expresar su verdadera esencia a su modo.

EJERCICIO

Visualización para la creatividad

El Maestro Hilarión, Maestro del quinto rayo, que es naranja, ayuda a generar nueva ciencia y tecnología. Inspira a los inventores, ayudándoles a concebir cosas útiles para la humanidad. Millones de ángeles trabajan con él.

1   *Siéntate tranquilamente en algún sitio donde no te molesten.*

2   *Ten una visión de un mundo en el que nos asista una alucinante tecnología espiritual, por ejemplo una Internet espiritual, energía gratis que nos permita volar, etcétera. Deja en libertad tu imaginación.*

3   *Imagina que sostienes una bola de luz naranja entre las manos. Se vuelve más grande y más brillante con cada nuevo pensamiento tuyo.*

187

4   Visualiza a los ángeles recogiendo un poco de la energía naranja que acabas de crear.

5   Están usando tu energía para inspirar a científicos, inventores, físicos, cirujanos, veterinarios, médicos y otros, haciendo que estén más abiertos a nuevas posibilidades.

6   Acepta su agradecimiento por haber ayudado a co-crear un bello futuro.

7   Abre los ojos.

CAPÍTULO 32

Liderazgo

Se dice que las culturas consiguen los líderes que se merecen. La Ley de la Atracción nos dice que atraemos reflejos de nuestro ser interior. La humanidad tridimensional vota por líderes de baja calidad.

Durante siglos hemos tenido políticas masculinas. En la parte negativa, los varones muestran cualidades como: son controladores, aplican la lógica sin corazón, son autoritarios, disgregadores y su visión es a corto plazo. En el aspecto positivo, son lógicos, reflexivos, buenos con los números y actúan de modo que hacen posible el cambio y las condiciones avanzan.

En el 2008/2009 una nueva energía penetró en el planeta, exactamente como estaba previsto en el calendario maya. Sacó a relucir conductas turbias, trampas y abusos para limpiarlos.

También en el 2008, el Rayo Plateado del Divino Femenino entró en el planeta por primera vez desde la Atlántida. Se ha fusionado con todos los Maestros Ascendidos y ángeles y está empezando ahora a tocar a la humanidad. El Rayo Plateado está impulsando las cualidades femeninas tradicionalmente consideradas reducto de las mujeres: cooperación, apoyo, trabajo por el bien común por encima del individual, asistencia para aquellos que la necesitan, expresar tu verdad, escuchar en vez de imponer tus puntos de vista a otros. Estas cualidades ya están influyendo sutilmente en todo el mundo.

Como el Rayo Plateado tiene una frecuencia muy alta, aquellos que ocupan puestos de poder y no pueden adaptarse a su energía están dimitiendo. Los trabajadores lo están notando y empiezan a esperar de sus jefes que demuestren honestidad y una talla moral superior. Este rayo está disolviendo el viejo paradigma masculino y tocando la consciencia de la gente con el nuevo.

El poder realmente corresponde a la población. En el mundo tridimensional se lo hemos regalado a los políticos y las grandes empresas. Para adentrarnos en lo nuevo, debemos reclamarlo.

Si el suficiente número de personas se alinean con la verdad superior, los cambios serán pan comido.

Los años de transición

La luz que venga en el 2012 elevará la autoestima y confianza de la gente. A medida que aumente la consciencia, los individuos empezarán a amarse a sí mismos y a reconocer su divina esencia. Integrarán sus personalidades internas y por tanto actuarán con integridad y honestidad. Entonces serán felices, de modo que se abrirán y estarán dispuestos a empoderar a otros.

Cuando te quieres de verdad a ti mismo y confías en ti, ya no buscas autoridad u orientación de nadie que no sea tu persona. Cuentas con tu sabiduría interior.

Durante la transición de veinte años entre el 2012 y el 2032 habrá un enorme cambio en el modo en que las culturas se perciben a sí mismas y perciben el resto del mundo. En los tiempos difíciles de limpieza y trastornos meteorológicos, la gente de distintos países colaborará y se apoyará entre sí, y esto dejará un sentimiento duradero de buena voluntad hacia los demás y el entendimiento de que todos somos iguales, de que todos somos uno. Las personas ya no mirarán con ojos de miedo, sospecha y crítica, sino cada vez más con ojos de amor, confianza y aceptación.

La gente volverá la vista atrás con asombro a la política de enfrentamiento, las tácticas de intimidación y las dictaduras. La idea de poseer o esclavizar a otro será anatema. Sin embargo, en algunas sociedades patriarcales tradicionalistas, o con ideas y puntos de vista muy arraigados, puede haber resistencia, que es fruto del miedo y el control y que frenará a todo el mundo. Cuando te resistes a algo, te concentras en lo que no deseas. El camino hacia delante es abrazar lo que es por el bien supremo. Todo individuo que está preparado para la igualdad, la imparcialidad, la justicia y el empoderamiento de todos puede ayudar visualizando lo nuevo e invocando la Llama Plateada.

Mi abuela, que era una señora muy especial y cariñosa, tenía puesto un pequeño rótulo en su cuarto de los invitados que rezaba así:[3]

Hail guest, we ask not what thou art
If friend we greet thee hand and heart
If stranger, such no longer be
If foe, our love will conquer thee.

---

3   ¡Salve, huésped! No te preguntamos quién eres. Pues si eres amigo, te abriremos los brazos y el corazón. Si eres un desconocido, dejarás de serlo. Y si eres enemigo, nuestro amor te conquistará. *(N. del T.)*

A mi modo de ver, sintetiza el modo en que las familias y los países se comportan entre sí mientras el período de transición avanza.

Pronto surgirán personas honorables que inspirarán al mundo durante la transición. Durante este período la honestidad, la integridad, la franqueza y la capacidad de empoderar a otros serán cualidades cada vez más respetadas.

2032

En el 2032 habrá tanta gente capaz de ver o sentir los campos energéticos de los demás que no habrá nada oculto. Todo será transparente.

Las viejas almas que nacerán en el período hasta el 2032 están siendo preparadas para ser fuertes, sabias, solidarias, cooperadoras e iluminadas para que puedan trabajar honorablemente por el bien supremo.

La vida comunitaria será tan diferente de nuestro actual paradigma político que es algo casi inimaginable para nosotros con nuestro actual estado de consciencia. Al principio había titulado este capítulo «Liderazgo y gobierno», pero Kumeka me pidió que eliminara la palabra *gobierno* porque implica control, y no habrá tal cosa en el 2032. No habrá pirámide de poder, ni líderes. En vez de eso, todo el mundo colaborará por el bien supremo, de modo que las decisiones se tomarán automáticamente.

En el 2032 la mayoría de la gente estará vibrando en la quinta dimensión, donde se dará cuenta de que no hay ellos y nosotros; sólo nosotros. De modo que, en todos los continentes, las comunidades serán mutuamente hospitalarias, comprensivas y solidarias. Como mundo, compartiremos la tecnología y las nuevas ideas. En todas partes las personas trabajarán por el bien supremo mientras cocrean un nuevo mundo.

Dentro de las comunidades, los países y el mundo entero, la gente cocreará entre sí y con la divinidad. Todas las decisiones se tomarán por el bien supremo.

Practica la cooperación

Para poder alinearnos con las nuevas energías superiores, tenemos que practicar con esas cualidades. Así que practica la cooperación. Cocrea algo con otros, por pequeño que sea. Toma decisiones iluminadas. Cada vez que lo hagas, lo harás más posible para todo el mundo.

CAPÍTULO 33

Vivir en la quinta dimensión

Después del 2012, aquellos que estén preparados podrán portar más luz. Esto será necesario para ayudar a las masas, porque la Madre Tierra seguirá purificando el planeta. Muchos estarán asustados por los cambios, pero se están formando Trabajadores de la Luz que se constituirán en faros y maestros. Para aquellos que están listos, hay mucho trabajo que hacer y muchas oportunidades de acelerar el desarrollo espiritual.

En la quinta dimensión tus chakras rebosarán de luz.

Cómo vivir en la quinta dimensión

Trata a los demás como te gustaría que te tratasen a ti

La primera práctica que hay que adoptar al vivir en la quinta dimensión es hacer lo mismo que te gustaría que te hagan a ti. Piensa constantemente en cómo se sienten los demás y cómo les gustaría que les traten. De modo que si ves a alguien mantenerse al margen porque es tímido, atráelo con tacto al grupo. Si ves a alguna criatura perdida o que está sufriendo, ayúdala. Es improcedente ser un salvador, alguien que ayuda a las personas necesitadas porque eso encubre su propia necesidad al hacer que se sienta bien. Ése es un aspecto de la tercera dimensión. En la quinta dimensión respondes a las necesidades de los demás sin un objetivo secreto personal. Como consecuencia, el universo te recompensa diez veces.

Haz cosas que sean por tu bien supremo

Si algo no es por tu bien supremo, tampoco es por el bien supremo de los demás, y viceversa. Si no es a beneficio de otra persona, no va a ser útil tampoco para tu alma. Así que actúa siempre teniendo esto en mente.

Mantén abierto el corazón

Actúa en todo momento con cariño y amabilidad. Si alguien se comporta de forma desagradable contigo o te hace daño, bendícele con amor.

Establece prioridades en tu vida para que tengas más tiempo libre

No puedes estar ocupado constantemente y mantener tu vibración en la quinta dimensión, así que saca tiempo para relajarte, meditar y disfrutar de la vida.

Tómate las cosas a la ligera para que tengas diversión y risas

¡Vigila tu actitud! Tómate las cosas a la ligera. Escoge la risa como respuesta. Te sentirás más feliz y lo mismo sucederá con la gente a tu alrededor.

Rodéate de personas de alta frecuencia

Decide quién aumenta tu frecuencia y quién la disminuye. Si eso implica estar solo o tener menos amigos durante una temporada, hasta que atraigas a otros nuevos, es algo que has de aceptar.

Mantén tu hogar en la vibración de la quinta dimensión

Haz tu hogar todo lo armonioso que puedas. Eso no significa que tengas que convertirte en un felpudo para mantener feliz a la gente. Implica fortaleza, dominio y la capacidad de elevar la frecuencia de aquellos que estén en tu casa. Al mismo tiempo, tu hogar necesita estar limpio, ser un lugar de felicidad y ofrecer un refugio seguro. Las flores, la música hermosa y los colores son útiles en este sentido.

Emana una vibración que atraiga el trabajo que te satisface

En esta dimensión superior adquieres dominio sobre tu vida y tus campos energéticos. De modo que alineas tu frecuencia con la del trabajo que conviene a tu temperamento y satisface profundamente a tu alma. Tal vez te resulten útiles a este respecto la información y los ejercicios del capítulo 39, Abundancia y manifestación.

Vive con conciencia de la abundancia

Vigila tus pensamientos y tus palabras. Asegúrate de que todas tus ideas y declaraciones están alineadas con las posibilidades más elevadas. No dejes que tu visión fracase por dudas, miedos y conciencia de pobreza. Sé generoso.

Vive como uno de los Maestros

Actúa siempre con integridad, honor y responsabilidad.

Conecta constantemente con tu chakra Estrella de la Tierra a través de tu conexión con el planeta

Tu chakra Estrella de la Tierra, situado unos treinta centímetros por debajo de tus pies, constituye tus cimientos espirituales. A menos que esté despierto, abierto y activo, no puedes ascender. Eres como un rascacielos: cuanto más sólidos sean tus cimientos, más altura puedes alcanzar. Las semillas de tu potencial son alimentadas aquí por el arcángel Sandalfón; así que, si deseas cumplir tu destino superior, asegúrate de conectar con este chakra. Para eso es buena cualquier actividad que implique contacto con la tierra. Caminar, hacer montañismo, jugar en un prado cuando vas de comida campestre, permanecer descalzo en la hierba, cultivar flores y hortalizas: todo eso te ayuda a estar conectado con tu Estrella de la Tierra. Es mejor caminar sobre tierra que sobre asfalto; hazlo así siempre que te sea posible.

Entabla una relación simbiótica con las plantas, los árboles y toda la Naturaleza

Cuando abrazas un árbol, puedes abrirte a los conocimientos y la sabiduría que encierra; y al mismo tiempo sus raíces ayudan a las tuyas a penetrar profundamente en tu chakra Estrella de la Tierra. Estar en la Naturaleza te mantiene en equilibrio y armonía y te ayuda de verdad a mantener una frecuencia pentadimensional.

Camina con los elementales, los ángeles y el mundo espiritual

Cuando eres un ser pentadimensional, te das cuenta automáticamente de las dimensiones espirituales que te rodean. Da ese otro paso y camina de la mano de los ángeles en tu vida cotidiana. Sé consciente del trabajo que los elementales están haciendo por todo tu alrededor y también permanece abierto a esos visitantes espirituales que han atravesado el velo pero siguen en contacto con la Tierra.

Presta oído a los dictados divinos

Está alerta por si aparecen signos y escucha siempre los dictados de la divinidad. Esto es parte de la sintonización pentadimensional.

Come alimentos apropiados

Come con frugalidad alimentos que tengan una vibración tan alta como la tuya. Los alimentos pentadimensionales son ecológicos. Toma toda la verdura que puedas, fruta, nueces y, en general, haz una dieta lo más equilibrada posible desde el punto de vista nutricional. Bendice la comida antes de consumirla. Recuerda que a veces puedes necesitar una comida más consistente o pesada para mantenerte enraizado; hónralo. No puedes estar en la quinta dimensión si andas por ahí como un colgado. Tiene que haber equilibrio.

Mantén una actitud espiritual hacia todas las cosas

Busca la perspectiva más elevada en todas las situaciones y con todas las personas. Bendice lo que tiene una frecuencia inferior para elevarlo a un nivel superior.

Irradia sabiduría de tu plexo solar

Tu plexo solar es una vasta bomba psíquica, que en la tercera dimensión busca el peligro para que puedas evitarlo. A un nivel más alto, sus antenas alcanzan los campos energéticos del arcángel Uriel, el arcángel a cargo del desarrollo del plexo solar, y confían en que te mantenga a salvo. Entonces ya puedes presentar tu sabiduría y disipar los temores de otros. Realmente es muy útil visualizar esto mientras estás en la Naturaleza.

Trabaja con tus doce chakras

Afina y energiza con frecuencia tus doce chakras. Puedes hacerlo en cualquier momento: cuando estás sentado tranquilamente, paseando en la Naturaleza, esperando algo, haciendo las labores domésticas o viajando como pasajero en coche o en cualquier otro medio de transporte. No es una meditación y se realiza con los ojos abiertos. Todo lo que tienes que hacer es concentrarte mentalmente en cada chakra durante un momento y pedir a los ángeles apropiados que los alineen para traer la energía de la Fuente a través de tu persona.

Haz peticiones mentalmente a cada uno de ellos por turnos.
~ Arcángel Sandalfón, por favor, abre y alinea mi Estrella de la Tierra.
~ Arcángel Gabriel, por favor, abre y alinea mi chakra basal.
~ Arcángel Gabriel, por favor, abre y alinea mi chakra sacral.
~ Arcángel Gabriel, por favor, abre y alinea mi chakra umbilical.
~ Arcángel Uriel, por favor, abre y alinea mi plexo solar.
~ Arcángel Chamuel, por favor, abre y alinea mi chakra cardíaco.

- Arcángel Miguel, por favor, abre y alinea mi chakra de la garganta.
- Arcángel Rafael, por favor, abre y alinea mi Tercer Ojo.
- Arcángel Jofiel, por favor, abre y alinea mi chakra de la coronilla.
- Arcángel Cristiel, por favor, abre y alinea mi chakra causal.
- Arcángeles Zadquiel y Mariel, por favor, abrid y alinead mi Estrella del Alma.
- Arcángel Metatrón, por favor, abre y alinea mi Puerta de las Estrellas.

Una alternativa muy poderosa es contemplar los orbes de los arcángeles de cada chakra. Te harán resplandecer. Puedes encontrarlos en el libro *Ascension Through Orbs,* que escribí junto con Kathy Crosswell.

Conecta con el arcángel Metatrón

Invoca diariamente al arcángel Metatrón con su luz naranja y oro y pídele que te ayude en tu camino de ascensión.

Recuerda que formas parte de la Unidad

Contempla el gran cielo abierto sobre tu cabeza, las estrellas, la Luna, el Sol y el cosmos entero, y recuerda que es un inmenso organismo del que formas parte; estás conectado a todo ser que vive en él.

Invoca burbujas pentadimensionales

El arcángel Sandalfón, que está a cargo del chakra de la Estrella de la Tierra, te pondrá en una burbuja pentadimensional si se lo pides.

También puedes pedirle que ponga burbujas alrededor de otras personas; pero, eso sí, con el consentimiento expreso de éstas o habiendo sintonizado con sus yoes superiores para recibir permiso. Durante unos días le pedí al arcángel Sandalfón que colocara a un amigo mío en una burbuja pentadimensional porque creí que eso le ayudaría. Pero noté que empezó a estar cada vez más confuso y deprimido y me pregunté si no sería culpa de la burbuja. Lo consulté con Kumeka, quien me dijo que parara, pues mi amigo no estaba preparado para eso y le estaba afectando. ¡Me sentí fatal!

En cambio, le hablé a otro amigo sobre las burbujas y vi que su semblante se iluminaba como un faro. Me pidió que le pusiera dentro de una cuando hiciera mis sintonizaciones diarias. Un par de días después me telefoneó para decir que lo había notado cada vez que se la había enviado. Su mente estaba totalmente despejada ahora y sintió cómo le elevaba literalmente a un espacio superior y le mantenía en él.

Si crees que estás preparado y deseas invocar una burbuja pentadimensional, haz esta visualización.

EJERCICIO
Visualización para elevar tu frecuencia

1   *Busca un lugar donde puedas estar tranquilo y sin que te molesten.*
2   *Respira cómodamente hasta que te sientas relajado.*
3   *Invoca al arcángel Sandalfón y siente su presencia a tu lado.*
4   *Pídele mentalmente que te coloque dentro de una burbuja pentadimensional.*

5   Percíbela de algún modo (con la vista, el tacto, etc.) cuando te envuelve.

6   Relájate en su interior y acepta que está elevando tu frecuencia.

7   Si quieres que el arcángel Sandalfón ponga burbujas de la quinta dimensión alrededor de otras personas, pídeselo ahora. Pero asegúrate de que tienes su consentimiento o por lo menos una orientación muy clara de que está bien para ellas.

8   Da las gracias al arcángel Sandalfón.

9   Abre los ojos y piensa y actúa conscientemente de un modo superior.

EJERCICIO

Mantener tu chakra del plexo solar en la quinta dimensión

1   Busca un lugar donde puedas estar tranquilo y sin que te molesten.

2   Respira cómodamente hasta que te sientas relajado.

3   Imagina un sol oro intenso brillando en tu plexo solar.

4   Con cada inspiración, absorbe la calidez y sabiduría de esta luz dorada.

5   Con cada espiración, libera todo el miedo amarillo verdoso de tu plexo solar.

6   Visualiza un cordón pentadimensional que sale de tu plexo solar y conecta con el campo energético del arcángel Uriel. Sabe que él te protegerá.

7   Da las gracias al arcángel Uriel y abre los ojos.

CAPÍTULO 34

Las nuevas Ciudades de Oro

Poco después del 2032, nuevas Ciudades de Oro pentadimensionales surgirán por todo el planeta. La mayoría de ellas, pero no todas, serán construidas en montañas donde la tierra haya sido purificada y el aire sea puro y limpio. Se me ha dicho que son casi imposibles de imaginar en función de nuestro nivel de consciencia actual. Se llaman Ciudades de Oro porque su energía será dorada.

Como la población se habrá reducido mucho, no habrá presión demográfica, de modo que las ciudades serán espaciosas, verdes y elegantes, y mucho más pequeñas que nuestro concepto actual de ciudad.

Las casas serán de una o dos plantas sólo, pues la gente se habrá dado cuenta de que perdemos nuestra conexión con la Tierra cuando vivimos en bloques de apartamentos. Cada ciudad estará construida en torno a un manantial, ya que en todo el mundo el agua corriente y pura se usará para aumentar la energía de los lugares. En ningún lugar estará contaminada químicamente el agua; se mantendrá pura y cristalina con la ayuda de cristales e imanes.

No habrá departamentos de urbanismo ni ordenanzas gubernativas, ni ego, así que las vías públicas y los edificios se construirán por el bien supremo de los residentes, que estarán sintonizados con la visión de la armonía. Según nuestra actual consciencia, esto acabaría en el caos y la anarquía. Sin embargo, en un mundo pentadimensional, las decisiones superiores se toman de forma natural desde los corazones y las visiones de todos los implicados.

Los árboles y las formaciones geológicas naturales serán altamente respetados, y se construirán edificios a su alrededor. Las casas serán construidas comunalmente por personas dispuestas y generosas de corazón que estarán encantadas de ayudar a sus amigos, su familia o los desconocidos por igual. Entenderán que todos somos uno.

Durante los últimos milenios, las ciudades y los edificios han sido construidos de acuerdo con la energía masculina: cuadrados, rígidos, lineales, rectos, angulosos y sometidos a una severa disciplina individual. Los residentes del futuro contemplarán con horror nuestra manera de vivir. Lo que llamamos *espacio personal* ellos lo considerarán solitario y aislado.

Cuando las nuevas Ciudades de Oro florezcan, la influencia del Divino Femenino se dejará sentir en todas partes. Es fluida, divertida, creativa, comunal, redondeada y bella. Es más, se habrá desarrollado la tecnología espiritual, lo que permitirá producir estructuras curvas y fluidas.

De modo que las viviendas se harán con sólidos materiales biodegradables obtenidos de las plantas, que podrán ser extrudidos hasta darles maravillosas formas y colores, con ventanas redondas o rectangulares. Y las casas se adaptarán al contorno del terreno. Serán construidas en grupos con instalaciones comunales, compartidas, que serán consideradas acogedoras y más económicas.

En los hogares habrá elementos lúdicos integrados, como un tobogán o una tirolina que llevará ladera abajo desde los

204

jardines hasta el colegio, y por la que se podrá subir luego, cuando sea la hora, gracias a un mecanismo magnético.

La propiedad individual, que se basa en creer en la carencia, dejará de existir. Dentro de la ciudad habrá lagos y arroyos donde unas barcas o canoas de propiedad comunal estarán atracadas en puntos específicos para uso de todo el mundo. Los deportes acuáticos serán muy populares, sobre todo donde hace calor, en parte porque se reconocerán las cualidades purificadoras de ese elemento y en parte porque son divertidos.

En todas partes habrá instalaciones deportivas gratis a disposición de todo el mundo. Los niños nacidos en los siguientes veinte años seguirán siendo almas de alta frecuencia y alta energía que necesitarán expresarse físicamente. En la consciencia pentadimensional no hay sitio para la deshonestidad o el robo, así que los artículos para hacer deporte se dejarán en los polideportivos para uso de todo el mundo. La gente estará menos cohibida, no será tímida, de modo que se congregará de forma natural e invitará a todo el mundo a participar en juegos de equipo o cualquier otro tipo de actividad social.

Los vehículos se fabricarán con materiales biodegradables, funcionarán con combustible ecológico y serán compartidos comunalmente. En la consciencia superior se entiende que tus necesidades siempre son satisfechas. Por consiguiente, cada vehículo siempre estará en el lugar idóneo y en el momento justo para cualquiera que lo necesite. También habrá transportes públicos, algunos conducidos por voluntarios y otros accionados por control remoto, que irán de un sitio para otro según las necesidades del momento.

Para recorrer distancias mayores los pequeños vehículos individuales se engancharán a una máquina que los llevará a velocidades increíbles sobre un colchón de aire, de forma parecida a como funciona un aerodeslizador, hasta un punto previamente designado. Allí se desengancharán y proseguirán el viaje hasta sus respectivos destinos.

En esa época habrá personas capaces de levitar y transportarse así cortas distancias. Finalmente se implantará el uso de aviones propulsados por medios ecológicos, con forma de cohete, que transportarán a la gente de un extremo a otro del mundo a velocidades que nos resultan incomprensibles ahora; pero eso no ocurrirá hasta el 2050 más o menos.

Los temas de salud y seguridad serán objeto de risa, pues se habrá implantado el sentido común y la responsabilidad individual. Como todas las personas estarán haciendo las cosas por el bien supremo, de forma natural todas serán sensatas, sin caer en ridículos extremos de sobreprotección.

La música será muy popular, sobre todo porque se habrá entendido el poder y la importancia del sonido y la armonía. Todo el mundo tendrá la oportunidad de aprender a tocar un instrumento musical. Al igual que con los artículos deportivos, los vehículos y las barcas, los instrumentos musicales estarán a disposición de todos y serán tratados con esmero y cuidado. Si alguien necesita sintonizar con uno en particular, será entendido y respetado, de modo que podrá usar esa guitarra o flauta o lo que sea siempre y cuando la necesite. La gente formará espontáneamente grupos para tocar música o escucharla juntos. Toda la música será armoniosa porque reflejará el espíritu del intérprete. Sólo aquellos que no estén en sintonía internamente tocarán o escucharán música discordante.

Al igual que con la música, se fomentará la expresión creativa de toda índole, tanto en niños como en adultos. La gente tendrá la oportunidad de dibujar, pintar, diseñar, crear, cantar o desarrollarse de la forma más adecuada a su alma.

Trabajo

El mundo pentadimensional carece de ego, luchas por el poder, competencia personal o ambición; en él sólo hay cabida para el deseo de expresarse creativamente, servir a otros, conectar con la Tierra y sintonizar con las dimensiones espirituales. Esto puede parecer aburrido para aquellos que están envueltos en el dramatismo de los conflictos de la personalidad y las necesidades emocionales, pero en realidad proporcionará una maravillosa sensación de alegría, satisfacción y paz.

Se considerará importante hacer aquello que te realiza y te hace feliz, y la gente dedicará su tiempo a ser creativa y a producir alegremente. No habrá dinero ni bancos, sólo intercambio de energía.

Sin el impulso interior de crear un negocio o triunfar en un trabajo, la gente cooperará alegremente para producir lo que es preciso para satisfacer sus necesidades. Todo lo que se produzca de más será puesto en común y libremente intercambiado.

Comida

La mayoría de las personas serán vegetarianas, aunque una parte de la población comerá pescado. Cuando la gente aumente su frecuencia tendrá menos necesidad de comidas pesadas, así que la demanda será de artículos de consumo sencillos y saludables.

Basura

No habrá plásticos, ni supermercados, ni envoltorios comerciales. Todo lo que deba ser protegido se envolverá con materiales reutilizables y ecológicos, no inventados aún.

Los nuevos métodos de refrigeración evitarán la necesidad de neveras convencionales y la capacidad de obtener productos del campo frescos durante todo el año hará que la congelación, como método de almacenamiento, sea obsoleta en todas partes salvo unos pocos lugares. Así que no habrá apenas cosas que tirar a la basura.

Se requerirá algún tiempo hasta que las técnicas de desmaterialización que se usaban en la Atlántida con la basura vuelvan a funcionar.

Cuando la gente tiene autoestima, valora su entorno. De modo que en estas Ciudades de Oro no se oirá hablar de arrojar desperdicios en la vía pública o de vertederos ilegales. Todos los espacios estarán limpios y se mantendrán bellos.

Flores y árboles

Los árboles serán sumamente respetados y la gente se comunicará con los seres elementales que viven en ellos. Se plantarán muchos, tanto por la ecología del planeta como para admirar el crecimiento de especímenes elegantes.

Las flores caerán en cascada por todos lados porque las nuevas Ciudades de Oro serán un hervidero de esculturas espléndidas, arte, fuentes y flores.

A causa del cambio en las condiciones climáticas y geográficas, algunas estarán bajo tierra, en el agua o serán muy diferentes de lo que podemos imaginar. Pero la luz de alta frecuencia de los habitantes hará que vivan felizmente, armoniosamente y ecológicamente en nuevas formas.

Haz de tu hogar u oficina un espacio dorado

Puedes hacer que la energía de tu hogar o lugar de trabajo sea más dorada embelleciéndolo, llenándolo de objetos armoniosos, música, flores y, más importante aún, pensamientos dorados. Empieza ahora a hacer lo que puedas en este sentido.

CAPÍTULO 35

Kumeka, Señor de la Luz

Cuando la fuente creó las divinas chispas, primero despidió doce de ellas. Imagínate a alguien que tiene doce niños; estas mónadas eran parte de su energía, así que eran como sus hijos e hijas. Después de eso las divinas chispas fueron creadas por medio de esos hijos e hijas, y son su energía igual que si fueran sus nietos. Una de las divinas chispas originales era la mónada de Jesús, que se encarnó en nuestro planeta para tratar de cambiar el mundo. Ése es el motivo de que se le conozca como el Hijo de Dios. Ahora está en la Junta de los Señores del Karma y a cargo del octavo rayo, y es también el Dador del Amor Cósmico.

Kumeka es otro de los doce originales y fue asignado a otro universo, donde ascendió convirtiéndose en Señor de la Luz. Se acercó a este universo en tiempos de la Atlántida y colaboró con el Concilio Intergaláctico como asesor en la preparación de este continente ahora perdido ayudando a supervisar la edad de oro.

Como muchos otros grandes seres, se retiró de este universo cuando la frecuencia de la energía cayó al final de la Atlántida y las islas quedaron sumergidas. Ahora, al finalizar el período atlante de 260.000 años, ha vuelto para ayudar en el fin de todo lo viejo y el comienzo de lo nuevo. La Tierra se ha ganado el derecho a ser guiada por él una vez más. Es el Maestro del octavo rayo y colabora estrechamente con Jesús, que es el Señor del Karma para este rayo.

Kumeka no se ha encarnado nunca y no sabe realmente lo que es tener un cuerpo humano. Cualquiera que haya habitado un cuerpo físico en la Tierra es conducido en sus viajes por los ángeles. Eso incluye a todos los Maestros Ascendidos, como Kuan Yin o el Señor Kuthumi. Mientras van por ahí ocupados en sus asuntos, hay siempre un ángel con ellos, de modo que, si les fotografías como orbes, verás el círculo de energía angélica a su alrededor. Sin embargo, como Kumeka no ha tenido jamás una experiencia terráquea, viaja por su cuenta. Su orbe azul es único en lo referente a que tiene un montículo en el medio. Esto se debe a que está constantemente proyectando su energía para tocar a la gente, mientras que los ángeles atraen a los humanos a sus orbes.

Me siento como una privilegiada por tener a Kumeka como mi guía principal. Procede del mismo universo que yo, pero no del mismo planeta. Ya he descrito en otro sitio mi primer encuentro con él, una Nochevieja que pasé en compañía de mi posterior coautor de *Discover Atlantis,* Shaaron Hutton. Mientras estábamos meditando juntos, una poderosa energía entró en la habitación y se presentó como Kumeka, diciendo que deseaba trabajar a través de nosotros. Esa noche fue una de las más emocionantes de toda mi vida. Su retiro etérico y portal de entrada está en Caracas, Venezuela. Me dijo que había visto por primera vez mi luz cuando vivía cerca de allí, y que había estado esperando a que estuviese preparada.

Su color es el azul y ha influido en mí dos veces para que comprara anillos de topacios. El primero era bastante pequeño y luego me dijo que mi ángel de la guarda y él habían tenido que empujarme para que entrara en la joyería. Cuando rehusé comprarlo, la luz del topacio estuvo brillando en mi Tercer Ojo toda la noche, hasta que capté el mensaje y volví para adquirirlo. Cuando me gané el ascenso a un topacio más grande, un mejor enlace de conexión, ¡recibí el mensaje de inmediato! Ya no necesito realmente llevar puesto el anillo para conectar con él, pero aún hay veces que me envía a buscarlo cuando quiere darme información detallada.

Cuando se conectó con Shaaron y conmigo por primera vez, éramos sus únicos canales. Me pidió que le hablara a la gente de él en mis libros y también que pidiera a Andrew Brel que compusiese música para él. Ahora Kumeka puede dividirse en un número infinito de partes y canaliza su energía e información a través de cientos de miles de personas. De hecho, puede dividirse tantas veces como sea necesario.

Encabezando el movimiento a la iluminación

Kumeka está ayudando a iluminar la Tierra, así como los cuatro planetas ascensionales de este universo. También está prestando ese mismo servicio a otros planetas de otros universos.

En su trabajo en favor de la Tierra, está colaborando específicamente con los siguientes grandes seres.

EL ARCÁNGEL METATRÓN está a cargo del desarrollo de la Puerta de las Estrellas y está supervisando el movimiento actual hacia la ascensión.

LOS UNICORNIOS, los más puros entre los puros, están ayudando a disipar los velos de la ilusión que nublan el Tercer Ojo.

WYWYVSIL es un ángel de frecuencia muy rápida conocido como un Poder. Es un Señor del Karma así como el Ángel del Nacimiento. Ha fundado una serie de escuelas en los Planos Interiores para enseñar sanación, iluminación y transformación a aquellos que tengan la suficiente luz. Si estás preparado, puedes pedir que tu espíritu asista a estas clases durante el sueño. En la Atlántida, Wywyvsil creó con otros seres un fondo de energía para la sanación, la transformación y la iluminación, y está enviando luz desde aquí directamente a la Tierra, a la que puedes acceder. También colabora con los serafines para ayudar en la creación.

AZARIEL es un gran arcángel que está trabajando con los unicornios para impulsar la iluminación y la ascensión. Se encarga especialmente de aclarar las energías en torno al Tercer Ojo y la coronilla.

Serafina es el ser seráfico que está ayudando a Metatrón a desarrollar tu Puerta de las Estrellas. Luego, ayuda a ajustar la energía que le llega de la Fuente, para que puedas ascender.

En menor medida, Kumeka también colabora con los arcángeles Gabriel, Miguel, Uriel y Rafael.

Puedes encontrar mucha más información sobre estos poderosos seres en el libro *Ascension Through Orbs*.

Kumeka es Maestro del octavo rayo de la limpieza profunda. Lleva la purificación y transmutación de los arcángeles Gabriel y Zadquiel a un plano mucho más profundo.

Como todos los grandes Maestros y arcángeles, está fundido por completo con el Rayo Plateado.

Sanación

Cuando vibras en la frecuencia pentadimensional, puedes pedirle que despierte todas las células de tu organismo, lo que te sanará por completo. A estas fechas ya has soltado el cuarto velo de la ilusión. A medida que pase el tiempo, más personas podrán acceder a esta ayuda.

Kathy Crosswell y yo estábamos hablando con él cuando nos dijo esto, así que le pedimos que lo hiciera por nosotras. Ambas sentimos una efervescencia interior y como si la luz estuviera saliendo de nuestros cuerpos.

Yo esperaba sanación inmediata para un problema de las manos, pero me dijo que tenía que asumir la responsabilidad de los alimentos que ingería y hacer un ejercicio apropiado. También tenía que hablar más con él y con los elementales y equilibrar completamente mi vida.

Kumeka indicó que también somos responsables de la grasa de nuestros cuerpos. Dijo que teníamos que consumir verdura para limpiar de desechos el espacio entre nuestras células; luego, los elementales, en especial los de tierra, trabajarían dentro de nuestro organismo para ayudarnos a través de la verdura. A la mañana siguiente desayuné lechuga, ¡pero mi resolución no duró mucho!

MEDITACIÓN

Conectar con Kumeka

Si piensas en Kumeka, acudirá a ti.

1   Busca un sitio donde puedas estar tranquilo y relajado.
2   Cierra los ojos y visualiza una luz azul, del color de un topacio.
3   Pide a Kumeka, Señor de la Luz y Maestro del octavo rayo, que se reúna contigo.
4   Puede que notes una presencia en tu lado izquierdo. Si no puedes verlo ni sentirlo, confía en que está ahí.
5   Pídele que te ayude en un trabajo profundo de limpieza e iluminación.
6   Su respuesta puede llegarte en forma de pensamiento o inspiración súbita. Siempre te pedirá que hagas algo para ayudarte a ti mismo. Si eso no ocurre, sabe que te guiará sutilmente para hacer cosas que te ayudarán.
7   Quédate sentado en silencio unos minutos a la luz de Kumeka.
8   Dale las gracias por acudir.
9   Abre los ojos.

CAPÍTULO 36

El arcángel Metatrón

Nos referimos a él como arcángel Metatrón, pero en realidad es un gran Ángel Universal cuya energía se extiende al cosmos e influye en muchos planos de existencia. A causa de esto, él y su llama gemela Sandalfón, que es también un Ángel Universal, son conocidos como los altos ángeles.

Metatrón tiene el apelativo de Príncipe del Semblante porque es el único ángel con permiso para mirar directamente a la luz de la Fuente. Procede de Orión, el planeta de la sabiduría.

Nuestro universo es como una orquesta. La Fuente es el compositor. Metatrón es el director y se está concentrando en la Tierra porque somos el único planeta del universo que está desafinado. Metatrón está ahora volviendo a afinarnos rápidamente para que el conjunto de la orquesta pueda tocar en armonía otra vez.

¿Por qué se ha permitido que la Tierra esté tan fuera de sintonía?

Es resultado del divino don del libre albedrío. En un principio se previó que los humanos lo usarían para cocrear cosas maravillosas, pero resultó que lo empleamos para desafinar, ahondando en lo material y sexual y controlando a nuestros congéneres.

Esto tuvo como resultado el karma o las deudas incobrables, que han de ser saldadas. Una vez aceptado el libre albedrío, los humanos tienen que asumir la responsabilidad de las consecuencias. Deben reencarnarse y equilibrarlo. Es más fácil de hacer en este planeta a causa del mecanismo de retroalimentación del cuerpo, que está construido a partir de decisiones del alma y conformado por nuestros pensamientos y emociones de cada día, así como por la forma en que lo tratamos con el ejercicio, la comida y el consumo de bebidas. Nuestro organismo nos dice lo que está pasando y si, como individuos, estamos en armonía o no.

Como la Tierra está subiendo de frecuencia una vez más, la Fuente y Metatrón juntos ofrecieron magnánimamente conceder a todos aquellos que se han encarnado alguna vez una ocasión para equilibrar su karma antes de que tengan lugar los cambios. No todo el mundo lo está consiguiendo. Ésta es una de las razones de la grave superpoblación.

El color de Metatrón es el anaranjado, una mezcla de dorado y rojo. El oro es la vibración de la sabiduría más profunda, fundida con la consciencia de amor de Cristo y la frecuencia angélica. El rojo es el poder creativo masculino puro y duro de la Fuente, que le da la energía para entrar en acción. El naranja irradia alegría y felicidad.

Hace unos años, antes de saber que estaba tan conectada a Metatrón, escogí para mi dormitorio, el cuarto de baño y el estudio contiguo la más bella combinación de colores en naranja dorado suave. Ahora me dice que fue él quien me inspiró en la elección para que sintonizara mejor con él mientras dormía o trabajaba y para acceder a su sabiduría. Es también un color estupendo para relajar los ojos.

Metatrón vibra en el 12, el número del discipulado. Insiste en que aquellos que sintonizan con él se hagan espiritualmente disciplinados.

Está a cargo del desarrollo del chakra Puerta de las Estrellas, el centro espiritual último del cuerpo, que recibe la energía de la Fuente. Aquí nos fundimos con nuestras divinas chispas originales o mónadas, también denominadas Presencia Yo Soy. Metatrón coopera aquí con Serafina y el Ángel Universal Butyalil para construir la escalera final a la Fuente.

Conexión con Egipto

Metatrón tiene un punto de entrada en cada estrella, planeta o constelación de este universo. En la Tierra es Luxor. Esto se debe a que es el hogar de la Esfinge y la gran pirámide de Giza, con las que tiene poderosas conexiones. A causa de sus vastos conocimientos y su sabiduría al final de la Atlántida, y como nos trajo la Geometría Sagrada desde la Fuente, supervisó la construcción de las pirámides de Egipto y las energizó con luz cósmica. Las pirámides son vastos ordenadores cósmicos que nos vinculan al universo.

Es conocido como el Escribano Celestial porque está a cargo de los archivos celestiales, y supervisa los registros kármicos, que se guardan dentro de la Esfinge a una dimensión superior. También supervisa a los ángeles que anotan nuestras buenas y malas acciones y transmite las órdenes diarias de la Fuente a todos los arcángeles de tal manera que puedan ser retransmitidas a todo el reino de los ángeles.

El Ángel Universal Metatrón colabora con Thot, el gran sacerdote avatar de la Atlántida. Se le conoce como el Escriba Egipcio, dado que guarda los registros akásicos de las razas egipcias y todos los países árabes.

Metatrón también supervisa a Enoc, el gran sabio, y a Serapis Bey. Este último, originario de Venus, es el Maestro del cuarto rayo de Armonía y Equilibrio, así como el Guardián de la Llama Blanca; fue un sacerdote avatar en la Atlántida. Se le conoce como «el Egipcio» porque a la caída de la Atlántida colaboró con el arcángel Metatrón y sus ángeles para influir en la construcción de las pirámides, donde sus enseñanzas permanecen ocultas a nivel tetradimensional.

El cubo de Metatrón

Es un esquema geométrico sagrado que nos muestra las conexiones cósmicas dentro de este universo. Basado en todas y cada una de las cosas que están relacionadas e interrelacionadas, muestra una formación triangular. La unidad básica es un triángulo, que es muy sólido y estable. Cuando doce lugares, planetas o individuos están relacionados entre sí, forman cuatro triángulos. El 12 es el número de Metatrón. Cuando se unen doce segmentos de doce hay 144 conexiones. Esto se convierte en un todo y da pie a un nuevo concepto.

Mi guía Kumeka me dijo que Metatrón me daría la información necesaria para este capítulo. El caso es que me desperté durante la noche y me levanté para apuntar algunas ideas que me vinieron a la cabeza. Mientras lo hacía, miré el reloj y vi que eran las 4:40. Como el 44 es el número de la Atlántida Dorada, me decidí a preguntar mentalmente cuál era su conexión con aquella edad.

Metatrón me dijo que él había concebido la idea del quinto experimento de la Atlántida, que produjo la edad de oro. Los cuatro anteriores habían fracasado estrepitosamente pues los humanos cayeron en la discordia y el deseo de poder. Esta vez decidió que aquellos que poblaban las restantes islas atlantes empezarían a partir de cero, lo que les obligaría a cooperar y a cocrear una comunidad juntos. Metatrón supervisó este experimento controlado con Kumeka. Ambos aconsejaron al Concilio Intergaláctico, que se hizo cargo de los detalles. En el libro *Discover Atlantis* describo detalladamente cómo se desarrolló el extraordinario experimento de la Atlántida Dorada y cómo evolucionó proporcionando el único Cielo en la Tierra que ha habido en este planeta.

Cuando acabé de escribir, dejé el bloc en el suelo junto a mi cama... ¡y vi allí una foto con orbe de Metatrón! Y a su lado había una del Ángel Universal Purlimiek, el que está a cargo del reino de la Naturaleza. ¡Desde luego no estaban en ese sitio cuando me acosté! Creo que los dos orbes aparecieron ahí para recordarme que el experimento final tuvo tanto éxito principalmente porque los ciudadanos trabajaban de cerca con la Naturaleza.

La capa naranja y oro de Metatrón

Menciono en la introducción que recibí la capa naranja y oro de Metatrón mientras escribía este libro. Me dijo que, una vez que la has recibido, no tienes que ponértela porque siempre está ahí. Ni tampoco te la pueden quitar. Te conviertes en el Sumo Sacerdote o Sacerdotisa, y para obtener este honor debes haberlo sido ya en una vida pasada. Los Sumos Sacerdotes y Sacerdotisas de todo el pasado del planeta están regresando ahora.

Metatrón es un ser poderoso. Tiene tanta energía y poder que se deja sentir en todo el universo en un solo instante. Cuando llevas la capa, tú también puedes ser sentido en todas partes. Se me dijo que siempre hay que usarla con compasión. Cuando te conectas al Cielo y la Tierra, con el corazón abierto de modo que la gente sienta que puede aproximarse a ti, entonces la capa automáticamente cumple su función.

EJERCICIO

Escribe al arcángel Metatrón

Coge papel y bolígrafo. Cuanto más te concentres en ello y más pasión pongas, más clara será la respuesta.

1   *Enciende una vela si puedes y conságrala a conectar con el arcángel Metatrón.*
2   *Siéntate tranquilamente y piensa en el arcángel Metatrón durante unos minutos.*
3   *Crea con la respiración un bello color dorado a tu alrededor; luego, rojo; luego, naranja vivo. Deja que los colores se arremolinen hasta que estés bañado en un glorioso anaranjado.*
4   *Escribe «Querido Arcángel Metatrón» en tu hoja de papel.*

5   *Dale las gracias por lo que ha hecho. Hazle preguntas. Pídele que conecte contigo más a menudo. Dile lo que deseas.*

6   *Luego, acaba la carta con amor y estampa tu nombre en ella.*

Una vez escrita la carta, ya puedes guardarla en lugar seguro o quemarla: sabe que recibirás algún tipo de respuesta del arcángel a su debido tiempo. Si no, puedes coger otra hoja de papel y prepararla para recibir una respuesta. En este caso, escribe «Querido» y tu propio nombre.

Luego, apoya la punta del bolígrafo en el papel y deja que la respuesta fluya automáticamente a través de ti. No lo censures; simplemente escribe lo que te venga a la cabeza. Te sorprenderá la orientación o información que recibas. Si está llena de luz y es útil y afectuosa, puedes estar seguro de que es del arcángel Metatrón. Si no, entonces es que no estás sintonizado con un ángel, así que pon punto final y destruye la carta.

Después de escribir esto, le pregunté a Metatrón si le gustaría que todo el mundo le escribiese. Su contestación fue monosilábica: «¡Sí!».

CAPÍTULO 37

Religión y espiritualidad

La religión ha sido una fuerza disgregadora durante miles de años. A través de los eones la Fuente ha enviado arcángeles y grandes Maestros que han enseñado acerca del amor, el perdón y la Unidad para iluminar el mundo.

Sus enseñanzas han sido posteriormente tergiversadas por los egos de sus seguidores, que deseaban hacerse con el control sembrando el miedo y la limitación. Sin embargo, las religiones han hecho mucho bien. Han ofrecido consuelo y esperanza a las masas en una época en la que su consciencia estaba cerrada a la verdadera espiritualidad.

En el 2032, en todo el planeta habremos cruzado los confines del dogmatismo. La espiritualidad será una luz cohesiva y jubilosa entre todas las naciones.

La espiritualidad habla sólo del amor y la unidad. Nos sana, nos empodera y nos inspira. Busca la chispa divina dentro de los corazones de todos y la aviva hasta convertirla en una llama. Ésa será la fuerza que rija la nueva edad de oro.

Los arcángeles Mariel y Lavanda, que están a cargo del chakra Estrella del Alma, están ayudando a influir en todos los habitantes del planeta a nivel del alma para que aspiren a la espiritualidad en lugar de a la religión.

Aceptación

En su fuero interno, todo el mundo quiere ser amable, afectuoso, feliz, generoso, sincero, jovial, simpático y confiado, y estar seguro de sí mismo. Si juzgas o criticas a otro con un simple pensamiento, lo captará y reaccionará. Levantará el puente levadizo de su corazón y sacará el escudo para defenderse o los dardos para atacar. El temor a tu juicio hará que se ponga la armadura.

En el paradigma tridimensional, nos apresuramos a criticar y condenar, y las consecuencias son visibles en las relaciones personales e internacionales.

Pero, cuando miramos con los ojos pentadimensionales del amor, somos conscientes de los corazones de los demás. No hay nada que esconder porque podemos ver sus auras, donde se revelan todas las emociones. Comprendemos su dolor y su lucha constante, así que procuramos ayudarlos con amor y aceptación. Si te aproximas al baluarte interior de alguien con respeto, aceptación y amor, se sentirá seguro y te franqueará la entrada.

La nueva espiritualidad será la del corazón sanado y abierto. Todos seremos amigos. Luego todos nos conectaremos con el Corazón Cósmico. El resultado será la paz interior, la paz internacional y la paz intergaláctica.

¿Llegará la religión a ser cosa del pasado?

No, la bella esencia de amor de cada religión permanecerá, pero los dogmas que la rodean se disolverán. El adhesivo que mantiene unido el cosmos es el amor, y ésa es la base de la espiritualidad. Podemos esperar un mundo donde haya espiritualidad dentro de las comunidades y entre ellas. A veces parece como si nosotros los humanos fuéramos los únicos que aún no comprenden esto del todo.

Amor elemental

Justo cuando estaba acabando de escribir este libro fui a dar un paseo por los bosques de las cercanías de mi casa. Me detuve para admirar un abedul y ver si había elementales en él.

Uno bajó saltando del árbol. Tenía más o menos un metro y veinte centímetros de altura, era verde y delgado y caminó desenfadadamente hasta ponerse junto a mí. Debo decir que en ese punto supuse que era un duende.

Le pregunté telepáticamente qué hacía por los humanos y él abrió los brazos de par en par, expandió su corazón –que empezó a emitir una luz increíble– y contestó: «Todo». Cuando le pregunté cómo se relacionaban los suyos con los otros elementales del bosque, me miró de reojo y respondió: «Somos uno, y somos diferentes».

«¿Y cómo nos ves a los humanos?», insistí. De nuevo me miró como si le sorprendiera la pregunta y dijo: «Somos uno, y somos diferentes».

Me acompañó mientras salía del bosque y durante un trecho por la carretera, hasta que quiso volver. Le llamé (telepáticamente). «¿Cómo te llamas?» «Gobolino», me contestó riendo. «Soy un trasgo.»

No podía quitarme de la cabeza la extraña conversación ni el amor que emanaba de este elemental. También me llevó a revisar mis ideas sobre los trasgos, pues tienen tan mala fama... Más tarde le pregunté a Kumeka, quien me dijo que los trasgos son elementales de tierra pentadimen-

sionales que han desarrollado enormes centros cardíacos y una gran capacidad de amar.

A mi modo de ver, aquel trasgo resumía a la perfección la espiritualidad del futuro.

Abre tu centro cardíaco

Estés donde estés, ya sea caminando, yendo en coche, cuidando el jardín o haciendo las faenas del hogar, abre tu centro energético cardíaco. Imagínalo resplandeciendo de luz. Luego, envía filamentos de esa luz a todos y todo hasta que el mundo entero esté unido con amor.

Visualización para practicar el amor incondicional

1   *Busca un lugar donde puedas estar tranquilo.*
2   *Enciende una vela si es posible.*
3   *Cierra los ojos y respira cómodamente hasta que te sientas realmente relajado.*
4   *Imagina una alta y bella montaña enfrente de ti, con la cima cubierta por la nieve.*
5   *Tu ángel de la guarda está contigo cogiéndote de la mano.*
6   *Te conduce con paso ligero y sin esfuerzo hasta la misma cima. Allí te ves rodeado de ángeles que cantan de amor y alegría. Sólo hay paz y aceptación.*

7   *Desde allí, a los pies de la montaña, ves a todos los habitantes del mundo. Fíjate en cómo se ven frenados por los dogmas, el ego y el miedo. ¿Hasta qué altura llegan por las laderas?*

8   *Envía amor incondicional a todos ellos, animándolos a ascender a la Unidad.*

9   *Contempla lo que ocurre cuando se bañan en la pura luz de la Unidad.*

10   *Pide a los ángeles que les ayuden a comprender y da gracias por ello.*

11   *Luego, abre los ojos y vuelve a la habitación.*

CAPÍTULO 38

Iluminación

La iluminación es un estado del ser en el que la consciencia se expande para incluir a todo lo que es, así que te vuelves alguien que lo ve todo y omnisciente. Las energías que entrarán en el planeta en los momentos cósmicos del 11 de noviembre del 2011 y del 21 de diciembre del 2012 ofrecen enormes oportunidades para la iluminación total o parcial.

Habrá también otras oportunidades en los siguientes veinte años, en las que las energías cósmicas ayudarán a todo el mundo en su viaje de iluminación. Se te invita a aprovechar esos momentos especiales.

Cuando las sacerdotisas de la Atlántida realizaban la danza de los siete velos, estaban describiendo de forma simbólica cómo se retiran estos velos del Tercer Ojo. La danza se realizaba en honor del Divino Femenino. Cuando la Atlántida se hundió, los conocimientos fueron llevados a Egipto y Grecia, donde la falta de entendimiento espiritual los rebajó gradualmente hasta convertirlos en una mera expresión del atractivo sexual.

Cuando alguien está plenamente iluminado, supera las limitaciones inferiores; así que, por ejemplo, puede sanarse a sí mismo si lo desea a nivel del alma. Puede controlar sus funciones corporales, así como su entorno y sus circunstancias. Más importante aún, vive en el momento presente, sin ira hacia el pasado ni miedo al futuro. No hay culpa, sólo el conocimiento de que todo está bien en el plan divino.

Por el contrario, la ascensión es un estado del hacer, de llevar activamente más luz del alma y la mónada al cuerpo físico. Eleva la consciencia, expande la conciencia espiritual y puede hacer que se produzcan cambios físicos. La iluminación y la ascensión pueden tener lugar al mismo tiempo, pero muy a menudo la iluminación viene antes.

Si experimentas de pronto una iluminación súbita sobre algo, avanzas en tu comprensión. En ese momento tienes una ráfaga repentina de desarrollo espiritual y expandes tu grado de iluminación.

El Tercer Ojo

El Tercer Ojo es el que todo lo ve y todo lo sabe. En realidad no todo el mundo es clarividente, ni siquiera cuando está plenamente iluminado, aunque «sabe». El viaje a la iluminación es la retirada de los siete velos de la ilusión.

El primer velo que hay que disolver es el séptimo, el más distante del Tercer Ojo. Sin embargo, puedes aclarar los otros antes de eliminarlos del todo, de modo que luego cedan fácilmente, sin traumas ni necesidad de una iniciación difícil. Cuando más fácilmente se descorren es en los momentos de luz cósmica o en las meditaciones especiales. Pero también puedes despertarte una mañana sintiendo que todo es diferente. Estás viendo el mundo con ojos nuevos. En tal caso, se habrá liberado un velo durante tu viaje espiritual nocturno.

Aun cuando la iluminación es una función del Tercer Ojo, puedes tener una obstrucción en otro chakra que afecte a tu Tercer Ojo, porque todo está conectado.

Los siete velos de la ilusión

El séptimo velo

Es el velo más alejado del Tercer Ojo y el primero que hay que disolver. Cuando despiertas a tu alma y reconoces que eres el responsable de tu propio viaje individual, el séptimo velo, que es rojo, se disuelve. Eso ocurre cuando finalmente te desprendes de toda mentalidad de víctima y dejas de echar la culpa a otros o proyectar en ellos. Ésta es la etapa en la que adquieres dominio sobre tu vida y, en lugar de decir: «¡Pobre de mí! ¡Soy tan desgraciado!», te preguntas a ti mismo por qué atracs esa circunstancia o suceso a tu vida y empiezas a trabajar contigo mismo para cambiar tu espíritu. En cuanto te transformas, las condiciones externas empiezan a reflejarlo y tu vida se hace más satisfactoria.

El sexto velo

Muchas personas en el mundo no se dan cuenta de que hay otras dimensiones entretejidas con las nuestras. Sólo aceptan lo que pueden ver con sus propios ojos, oír con sus propios oídos y palpar con sus propios dedos. El sexto velo, que es amarillo, se disuelve cuando aceptas que hay otro mundo más allá del físico. Te das cuenta de que hay entre nosotros espíritus de personas que han fallecido, así como ángeles, hadas y otros seres. A fin de eliminar este velo, has de creer también en el mundo de los espíritus y confiar en él. Debes saber en lo más hondo de ti que los otros reinos son capaces de ayudarte y están dispuestos a hacerlo.

El quinto velo

Este velo, que es rosado, sólo se disuelve cuando albergas amor incondicional en tu centro cardíaco hacia todo el mundo. Con frecuencia es necesario realizar iniciaciones para sentir un sincero perdón hacia todos aquellos que te han hecho daño a lo largo de la vida. Es más, debes contemplar al mundo entero y a todos los autores de iniquidad con ojos de amor. Has de estar preparado para ofrecer plegarias por todos los que han sido heridos, así como por quienes les han hecho daño; porque reconoces que todo concuerda a un nivel más alto. Conlleva ver con los ojos de la divinidad.

El cuarto velo

Este velo azul se descorre cuando honras y respetas a –y trabajas con– los animales, la Naturaleza y el reino de los elementales. Eso no significa que tengas que cuidar personalmente de tus animales domésticos o de los demás, sino comprender de verdad que cada animal está aquí en la Tierra para experimentar y aprender igual que nosotros.

Todos los animales tienen alma, aunque algunos formen parte de un alma grupal, y todos están realizando el viaje hacia la iluminación y la ascensión. Algunos, como los perros, se han encarnado para ser nuestros compañeros y amigos. Nuestra parte del trato es cuidar de ellos, honrarlos y quererlos. Otros animales, como los gatos o los grandes felinos, se han encarnado para proteger psíquicamente a los humanos y al planeta de entidades y energías negativas que pueden perjudicarnos. Esas criaturas que comemos o cazamos vinieron a experimentar la vida en la tercera dimensión, no para ser devoradas o cazadas por los humanos.

Se nos pide que hablemos con los espíritus de los animales en nuestras meditaciones y que les honremos. También puedes decirle a tu espíritu que vaya por la noche a hablar con otras personas acerca de los animales; por ejemplo, tu espíritu puede dirigirse a los espíritus de granjeros que se dedican a la cría intensiva de pollos o cualquier otro animal para preguntarles por su propósito superior. Eso acabará filtrándose en su consciencia.

Para que se descorra este velo, también hemos de reconocer que la Naturaleza es increíblemente poderosa, cariñosa y sensible. Decimos que aquellos a los que se les dan bien las plantas tienen buena mano con ellas. En realidad empatizan con la Naturaleza, que les recompensa con su abundancia.

Las flores irradian luz de alta frecuencia. Cuando alguien ha muerto enviamos flores al funeral pues los ángeles pueden tomar su esencia para ayudar al espíritu de la persona fallecida. Los ángeles pueden también usar su esencia para ayudar a aquellos que están de luto. Si es dirigida como es debido, la luz portada por las flores puede sanar a aquellos que están enfermos o son desdichados.

Trabajar con la Naturaleza es de la máxima importancia. El Ángel Universal que está a cargo de ella es Purlimiek, que irradia un maravilloso color azul verdoso suave.

Hay muchos seres elementales y espíritus de la Naturaleza que desempeñan una función en el funcionamiento de la Naturaleza; por ejemplo, las hadas cuidan las flores, los elfos ayudan a los árboles y los duendes trabajan con el suelo. Muchos de estos espíritus, pero no todos, están hechos sólo de un elemento: tierra, aire, fuego o agua. Para que se disuelva el cuarto velo de la ilusión, necesitamos entender las ventajas de trabajar con los elementales; por ejemplo, podemos pedirles que ayuden a las plantas a crecer.

Cuando las babosas y los caracoles empezaron a comerse mis guisantes recién plantados, lo primero que pensé fue echarles bolitas de veneno. Pero a Kumeka aquello no le impresionó. Me pidió que hablara con las criaturas, pero le dije que ya lo había hecho y que no me habían escuchado. Entonces sugirió que pidiera a los seres elementales que trabajaran con los gasterópodos diciéndoles que comieran otras cosas; por ejemplo, ofreciéndoles un área del jardín para ellos solos. Dijo que algunas plantas se ofrecerían para el sacrificio y que gracias a ellas los guisantes sobrevivirían. Me dijo además que trasplantara los plantones, los bendijera y cuidara de ellos; y que pidiera a los elementales que los vigilaran por el bien supremo. Así lo hice, y mi huerto creció con vigor.

También podemos pedir a los elementales que hablen con aquellos que maltratan a los animales acerca de su fin superior.

El tercer velo

Este velo, que es de color azul intenso, se disuelve automáticamente cuando conectas con el reino angélico y con seres similares de otros planetas, como Kumeka, mi guía; o como

Fekorm, el Maestro de Música. Camina en su compañía y vive con ellos, para que formen parte integrante de tu vida.

El segundo velo

Este velo de color violeta se disuelve cuando alcanzas la consciencia universal. Eso ocurre cuando eres capaz de ver el cosmos y entender que todo está conectado: árboles, estrellas, animales, rocas; todo. Debes ser capaz de verlo con el ojo de la mente.

Una vez que entiendes por completo el cubo universal de Metatrón, que describe la interconexión de todo, se te pide que lo eleves para que se alinee con los planetas implicados y trabaje en nuestra consciencia.

Éste es el último velo que vas a eliminar mientras permaneces en tu cuerpo físico; cuando se haya disuelto, estarás plenamente iluminado.

El primer velo

Es el velo más próximo al Tercer Ojo y es transparente como el cristal. Es el último que se descorre, y eso tiene lugar después de que has fallecido, si es que estás preparado. Cuando se ha disuelto, estás en el cielo o en la séptima dimensión. Cuando vives tu vida como un ser iluminado, este velo se disuelve al morir. Pero incluso entonces puedes ser puesto a prueba. Kumeka puso como ejemplo que... ¡se te puede pedir que te reencarnes! Si te resistes, tu primer velo no se disolverá.

Aunque sigas en tu cuerpo, aún puedes experimentar algunos momentos de estar en esta dimensión celestial cuando este velo se adelgaza.

Cuando me desperté el día del funeral de mi tía prefe-
rida, Gwendy, esperaba sentirme deprimida. Pero estaba
entusiasta. Me sentía literalmente como si una luz dorada
estuviese brotando de mí. Y evidentemente se notaba, por-
que uno de mis primos me describió como radiante. Otra
persona me dijo con voz entrecortada cuando me detuve a
charlar con ella: «¡Dios mío! ¡Estás resplandeciendo!».

Lo que pasaba, sencillamente, es que el espíritu de mi tía
no estaba en su funeral. Nadie la sintió de ningún modo. Ku-
meka dijo después que Gwendy había abandonado la Tierra
en el mismo momento en que abandonó su cuerpo físico, y
que el arcángel Azariel, el ángel de la muerte, me iluminó
el día de su funeral para que mostrara a otras personas
que había otra vida después de ésta. Fue una experiencia
heptadimensional.

Cómo alcanzar la iluminación

Lo más importante es vivir la vida con intención pura, viviendo intensamente y con compromiso cada momento. No
puedes estar iluminado si estás desenraizado o no estás de
verdad aquí. Vigila tus pensamientos y palabras y ve lo divino en todo el mundo.

Todas las disciplinas espirituales te ayudarán en el viaje
si las practicas con intención y constancia. Puede tratarse
de plegarias, meditación, invocaciones, afirmaciones, de-
cretos, cántico de mantras, yoga, contemplación silencio-
sa o cualquier otra que prefieras. Ciertas energías como
la Llama Violeta Oro Plata, el Rayo Dorado de Cristo o
el Mahatma, si las usas de forma regular, pueden acelerar
tu viaje. Las visualizaciones son una de las grandes claves

de la transformación. Visualiza tu corazón abriéndose, un camino dorado por delante o cualquier cosa que necesites para tu aspiración.

Cómo ayudan los unicornios a tu iluminación

Los unicornios son unos seres tan iluminados que, si tu corazón está abierto, con mirar el orbe de un unicornio ya se eliminará automáticamente el próximo velo de tu Tercer Ojo. Los unicornios acceden luego a quedarse contigo y ayudarte a descorrer todos los demás velos hasta que se disuelva el segundo; el último se disolverá mientras aún permaneces en tu cuerpo físico.

El arcángel Azariel está ayudando a los unicornios en esta empresa. Por favor, practica la siguiente visualización con reverencia y sentido.

EJERCICIO

Visualización del Unicornio para disolver los velos

1 *Abre los brazos al mundo.*
2 *Recuérdate a ti mismo que eres un ser extraordinario y divino.*
3 *Vocaliza el sonido «maaa» tres veces con la intención de abrir tu corazón.*
4 *Mira un orbe de unicornio. (Véase la página 263.)*
5 *Imagina un magnífico unicornio blanco detenido ante ti. Deja que la luz de su cuerno toque tu Tercer Ojo. Vi-*

sualiza cómo el próximo velo es descorrido como una cortina.

6   *Da las gracias al unicornio por acudir a ti y por colaborar contigo para disolver los velos hasta que alcances la plena iluminación.*

Para la iluminación con el sexo opuesto

Si eres mujer y deseas ser iluminada con hombres, aprecia las energías que portan. Acepta su esencia y ve sus almas. Igualmente, si eres hombre, haz eso mismo con las mujeres.

EJERCICIO

Visualización para ver la esencia del sexo opuesto

1   *Busca un sitio donde puedas estar cómodo y sin que te molesten.*

2   *Enciende una vela y conságrala a encontrar iluminación con el sexo opuesto.*

3   *Con ojos iluminados, ve a alguien delante de ti.*

4   *Aprecia sus energías, sus cualidades.*

5   *Conecta con su niño interior. Para ello, imagínalo como un crío vulnerable de tres años de edad. Siente su inocencia y sus miedos. Abre tu corazón a ese niño y dale el amor y la aceptación que necesita.*

6   *Busca la luz de su esencia y hónrala.*

7   *Contempla fugazmente los colores de su alma, su poderoso ser superior, que es todo amor.*

8   *Dale las gracias por iluminarte.*

9   *Cuando abras los ojos, nota cómo te sientes.*

Para el segundo velo

Visualiza la luz que lo conecta todo: estrellas y planetas, árboles y plantas, rocas y guijarros, personas, animales, peces e insectos.

EJERCICIO

Visualización para ver la conexión de todo

Siéntate o túmbate en la hierba una noche estrellada y visualiza los vínculos por todo el cosmos; luego, ve que la luz conecta a cada cosa y a cada persona aquí en la Tierra.

Se espera que más del 70 % de la población del planeta esté iluminada en el 2032.

CAPÍTULO 39

Abundancia y manifestación

La abundancia tiene que ver con el libre flujo de amor y felicidad, con el éxito y la prosperidad, con saber que siempre fluirá en tu vida y que, como querido hijo del universo, te la mereces.

Tradicionalmente, a causa de su necesidad de controlar, las religiones han promovido la falta de autoestima, que empobrece el espíritu y lleva a la conciencia de pobreza y la conciencia de carestía. Las personas espirituales saben que vivimos en un universo abundante, donde hay suficiente para todo el mundo. En el 2032, la frecuencia superior de conciencia de la abundancia habrá desplazado a los miedos inferiores.

Las claves de la abundancia y la manifestación

1. El poder de pedir

Los ángeles están siempre contigo, ayudándote, creando para ti sincronicidades, abriéndote puertas y susurrándote al oído el mejor modo de avanzar; pero debes pedírselo. Ellos no pueden contravenir tu libre albedrío trayéndote cosas que no has pedido.

2. Manifestación en la tercera dimensión

Cuando te concentras en algo sin dudar y sin desviarte de tu objetivo, ese algo tiene que suceder. Estás activando la Ley Espiritual de la Manifestación; pero si no lo haces por el bien superior, si no es para beneficio del planeta, lo que estarás creando es karma. En el mundo tridimensional la gente se ha estado centrando en sus deseos, no en sus necesidades. Esto significa que usas tu Tercer Ojo mentalmente, concentrándote en los deseos, en lugar de espiritualmente y por el bien supremo; y eso lo bloquea, retrasando tu iluminación y tu ascensión. No ha sido un problema hasta hace poco, porque pocas personas entendían el poder de la manifestación ocurrida de ese modo. Ahora, sin embargo, a consecuencia de los libros tridimensionales sobre el tema que se están publicando, muchos lo están haciendo en tal medida que están frenando el progreso del planeta. Pide por el bien supremo, y luego pídele a Miguel que corte todos los cordones. Si pides una cosa por el bien supremo, los ángeles estarán encantados de concederte eso o algo mejor.

3. Manifestación en la quinta dimensión

En la quinta dimensión sólo te interesa servir a Todo lo que Es. Así que tus peticiones son de este calibre. Estás encantado de desprenderte de todo lo que no sea por el mayor beneficio de todos. Al nivel de esta clara corriente de consciencia, todas las manifestaciones son en beneficio de todos. Luego, tu concentración recoge los frutos de la prosperidad y la abundancia de todas clases en una forma divina y correcta. Cuando haces esto, no hay karma.

4. Distánciate de las creencias del inconsciente colectivo o supéralas

Las creencias contenidas en el inconsciente colectivo son como una nube gris llena de pegajosas telarañas que mantienen enredado a todo el mundo en la tercera dimensión. Individuos, familias, comunidades y países quedan tan enredados que no pueden ver la divina luz, ni siquiera una perspectiva superior; todos ven la misma realidad inferior. El colectivo está lleno de ira, culpa, falta de confianza y miedos. Lo peor es el miedo a la carencia de capacidad financiera y la incapacidad para confiar en que el universo te sostendrá.

A fin de estar preparados para la nueva edad de oro, ya es hora de cortar los cordones del inconsciente colectivo y someterlos a la luz del arcángel Rafael, el ángel de la abundancia, o a la consciencia pentadimensional.

5. Abraza la abundancia, la prosperidad y el amor

Visualiza aquello que deseas y no te preocupes de lo que no deseas. La resistencia bloquea la abundancia.

En una ocasión estuve hablando con una mujer que odiaba a su jefe y no tenía una palabra amable para él. Se estaba viendo postergada para el ascenso aunque era eficiente en su trabajo. Le sugerí que tal vez ella misma estaba bloqueando su bien. No entendía el poder de sus pensamientos, pero le expliqué que se estaban resistiendo activamente a su jefe, quien naturalmente se apartaba de ella. Le pedí que se visualizara a sí misma dándole la bienvenida a la oficina, pero lo hizo de mala gana y una semana después no había progresos. Pero adoraba a los unicornios, y de pronto se le

241

ocurrió la idea de visualizarlo llegando al trabajo montado en uno. Eso sí lo podía hacer. Empezó a imaginarlo fielmente todos los días entrando de ese modo en el despacho. Se veía a sí misma sonriendo y regalándole flores. Fue mágico: su energía hacia él cambió y al cabo de dos semanas ya tenía un ascenso.

Así que abandona la resistencia y concéntrate en lo que quieres.

6. Claridad sobre tu próximo paso, objetivo o intención

Cuando deseas atraer algo a tu vida, es importante tener claro qué es. Si no estás seguro, siéntate tranquilamente y pide al arcángel Gabriel que te ayude a descubrir qué es. Puedes pedir que tu espíritu le visite durante el sueño en su retiro arcangélico del monte Shasta, en California, si así lo deseas, exponiendo que deseas claridad. Tal vez necesites hacerlo durante algún tiempo; pero cuando lo has conseguido, ya puedes avanzar con confianza.

7. Alinéate con tu energía anímica

Si quieres ser cocinero pero trabajas en una oficina, no eres abundante porque no estás alineado con tu verdad suprema. Cuando eres abundante, desempeñas un trabajo que te aporta alegría. La razón de que las economías mundiales se estén hundiendo es que el planeta está subiendo de marcha espiritualmente y el engranaje tiene que estar sincronizado. De modo que las economías del mundo, los bancos, las instituciones financieras y las grandes empresas deben moverse a una frecuencia más rápida para permitir que esto ocurra. En este momento no están sirviendo al bien supremo.

8. Afirma que mereces abundancia

En el mismo momento en que creas que la mereces, tu vibración atraerá automáticamente la abundancia hacia ti. Si recibes algo pero en tu fuero interno no crees que lo merezcas, volverá a salir de tu vida. De modo que sigue afirmando que lo mereces.

9. Iluminación

La iluminación es el verdadero camino a la abundancia. Cuando los velos de la ilusión caen de tu Tercer Ojo, adquieres claridad y la capacidad de centrarte. Tu frecuencia es de la quinta dimensión y puedes manifestar tu propia realidad superior. Las claves para la iluminación se describen en el capítulo 37.

EJERCICIO

Visualización para invocar la abundancia

1   *Busca algún sitio donde puedas estar relajado y en silencio.*

2   *Invoca al arcángel Gabriel. Cuando notes que te rodea su blanca luz, pídele mentalmente purificación y claridad. Dedica unos momentos a aceptar la luz que procede de él.*

3   *Delante de ti se alza una magnífica montaña espiritual. Date cuenta de qué es lo que te detiene. La culpabili-*

dad, el miedo, la ira pueden ser como bolas grises su-
jetas a tu persona; o quizá sea otra cosa lo que te está
frenando.

4   *Corta las ataduras con esas bolas grises y transmúta-*
las en la Llama Violeta Oro Plata.

5   *Mientras trepas sin esfuerzo por la montaña, entras en*
la oscura nube del inconsciente colectivo. Sé conscien-
te de la pegajosa telaraña que te envuelve. Hay mucha
gente atrapada ahí contigo.

6   *Pide al arcángel Miguel que corte los pegajosos hilos.*
Cuando lo hace, por fin quedas libre.

7   *El arcángel Gabriel te lleva a una bella y retumbante*
cascada blanca para tu purificación. Deja que el agua
caiga sobre ti y te limpie.

8   *Ahora las nubes han retrocedido y puedes ver la cima*
de la montaña. El sol te da de lleno.

9   *Un camino dorado, lleno de sol, se extiende ante ti. Vi-*
sualízate a ti y a otros muchos ascendiendo juntos por
él cogidos de las manos.

10   *En la cumbre hay muchos ángeles esperando. Estás en*
la quinta dimensión y todo es luz. Visualiza lo que de-
seas por el bien supremo.

11   *Da gracias a los arcángeles por su ayuda. Luego, vuel-*
ve poco a poco a este mundo y abre los ojos, llevando
la energía de la abundancia contigo.

EJERCICIO

Manifestar la abundancia

1   *Decide qué es lo que querrías que se manifieste por el*
bien supremo.

2   Habla con otra persona o, si no tienes a nadie con quien hablar, busca un lugar tranquilo y apartado donde puedas hacer esto solo, hablando en voz alta.

3   Imagina que ya han pasado seis meses. Nombra el mes para centrarte.

4   Imagina que todo lo que pediste ha ocurrido. Ya es una realidad material.

5   Habla con entusiasmo como si hubieran transcurrido seis meses y tu deseo se hubiera manifestado. Esto ayudará a ajustar tu vibración a la de aquello que deseas.

EJERCICIO

Manifiesta la abundancia con un globo

1   Dibuja un globo de color oro, azul o rosa con un cordel colgando.

2   Escribe en su interior lo que quieres que se manifieste.

3   Ahora escribe esto debajo de lo anterior: «Esto o algo mejor se manifiesta ahora por el bien supremo».

4   Dibuja unas tijeras azules cortando el cordel. El azul representa al arcángel Miguel, que está cortando tu apego a esa manifestación.

5   Imagina que tu globo asciende por el aire y que los ángeles lo llevan a los reinos superiores.

Hay un globo de la abundancia en mi sitio web: <www.dianacooper.com> que puedes enviar a un amigo o a un ser querido. Estos globos son muy poderosos, y he visto a ángeles y unicornios subiéndolos para reunir energía.

CAPÍTULO 40

La importancia de los números

En tiempos de la Atlántida Dorada, el arcángel Metatrón nos dio acceso a la ciencia de los números directamente de la Fuente. Enseñó a la humanidad que cada número tiene una poderosa influencia cósmica.

Los números son energías cósmicas. Cada uno tiene una vibración única, que te afecta cuando conectas con ella.

Por ejemplo, el número 9 es una bola de energía, que mantiene una frecuencia que permite que tengan lugar los finales o terminaciones. De modo que si vives en una casa que tiene ese número, estás automáticamente sintonizado con la emisora del 9. La influencia general en tu vida mientras residas allí estará relacionada con atar cabos sueltos, posiblemente sanar tus relaciones, o incluso limpiar tus vidas pasadas sin darte cuenta de que lo haces. Puede que experimentes la satisfacción que precede a una nueva búsqueda.

Si tu hogar tiene el número 28, los dos dígitos se suman: $2 + 8 = 10$. Luego, el 10 se reduce de nuevo: $1 + 0 = 1$. Tu vivienda, por tanto, está influida por el número cósmico 1, el número de los nuevos comienzos o del ser individual y único.

Con las fechas de nacimiento se hace lo mismo, razón por la cual la tuya fue escogida con tanto cuidado por tu alma y por el arcángel supervisor antes de que te encarnaras. Estarán en sintonía con uno de los números cósmicos y serás afectado por su vibración durante toda tu vida. Por ejemplo, en el caso de alguien nacido el 21/3/1950, los números se sumarán de este modo: $2 + 1 + 3 + 1 + 9 + 5 + 0 = 21$, y $2 + 1 = 3$. Por consiguiente, estará bajo la influencia de la vibración cósmica del 3.

Cada letra de tu nombre está relacionada con un número, así que la forma en que te llamas te afecta profundamente. Tus padres –normalmente es la madre– recibieron tu nombre de tu alma antes de que nacieras y esto es tan importante que casi nunca se escoge un nombre inapropiado.

Influencia de los números básicos

1 Este número te influye para que tengas un nuevo comienzo o puede ayudarte a convertirte en un Alfa, el primero; o alguien que es sumamente personal o único.

2 Te influye para que trabajes en cooperación con otros o para que hagas las cosas por parejas, o bien busques un alma gemela.

3 Es un número muy espiritual que te influye con la energía de la Trinidad. Te ayuda a mantenerte equilibrado para que puedas enraizarte y llegar al espíritu.

4 Este número tiene una firme influencia. Te sugiere que construyas tus sueños y esperanzas sobre una base sólida, o que busques justicia y seas práctico.

5   Este número vibra al nivel de la sabiduría y puede permitirte que seas visionario. Ayuda a buscar expansión durante toda una vida.

6   Este número influye en la sociabilidad y a nivel supremo te insta a buscar una comunidad espiritual y el amor incondicional.

7   Este número te influye para que seas un pensador, alguien lógico pero al mismo tiempo abierto a los conocimientos espirituales de la consciencia superior.

8   Éste es el número del infinito. Te ofrece innumerables posibilidades y su mayor influencia es para causar la transformación mundial.

9   La influencia del nueve te llama a tu visión espiritual, tu iluminación y tu divina sabiduría. Te ayuda a completar tu aprendizaje en un área determinada.

Ciertos números maestros son completos en sí mismos y sus dígitos no se suman. Estos números especiales son portadores de una poderosa vibración y el universo te invita a fijarte en ellos y a actuar sobre ellos, porque tienen un importante mensaje para ti. Tus guías y ángeles se han asegurado de que llamen tu atención.

Números maestros

11 Éste es el número del dominio y se te pide que examines las situaciones y las relaciones que hay en tu vida. Asume la responsabilidad de haberlas creado; luego, podrás cambiarlas si así lo deseas.

22 Éste es el número del maestro de obras; en otras palabras, te sugiere que es hora de cocrear la vida que

deseas. Así que trabaja positivamente para manifestar tu visión.

33 Éste es el número de la consciencia de Cristo, así que, si lo ves, se trata de un mensaje del universo para que trabajes con la Luz de Cristo.

44 Ésta es la vibración de la Atlántida Dorada y te invita a introducir la energía de la Atlántida Dorada en tu vida. Vive como lo hacía aquella gente en la quinta dimensión, en armonía y cooperación con los demás, honrando y respetando todas las formas de vida.

55 Ésta es la vibración de Metatrón. Te invita a superar las actitudes terrenales y a trabajar con él de cara a la iluminación superior. Recuerda que su color es el naranja dorado, así que empieza a sintonizar con él y a escuchar sus mensajes.

66 Acepta tu papel como un Ser del Universo. Cuando veas este número, se te estará recordando que no eres sólo una pequeña personalidad en la Tierra. Eres un gran ser cósmico y puedes influir en el cielo.

77 Ésta es la vibración del cielo. Te invita a vivir con tu yo superior en el Séptimo Cielo, así que te insta a que pases todo el tiempo que puedas conectado a la Tierra, los ángeles y los Maestros, así como al cosmos. Es una llamada a la iluminación superior.

88 Ésta es la vibración de tu Presencia Yo Soy, que es tu chispa divina original surgida de Dios. Este número te pide que te fundas con el amor eterno de tu Presencia Yo Soy.

99 Has dominado las lecciones de la Tierra.

Cuando ves un número triplicado, significa lo mismo que el número doble pero a una vibración superior. Por ejemplo, el 333 te invita a trabajar con la consciencia de Cristo pero a un nivel más alto.

Mientras escribía esto, la pareja de un amigo mío estaba en el hospital dando a luz al hijo de ambos. Andrew Brel, el entonces futuro padre, es músico. El bebé nació el 28 de mayo del 2009. Intuitivamente, descompuse esta fecha en 28 + 5 + 11, que es igual a 44, la vibración de la Atlántida Dorada. Cuando se lo dije, Andrew se quedó boquiabierto. Había preparado para el parto una selección musical con docenas de álbumes clásicos. Sin embargo, su novia le estuvo pidiendo que pusiera todo el tiempo el mismo álbum. Era el propio disco compacto de Andrew *Golden Atlantis*, de modo que Byron nació literalmente en la vibración de la Atlántida Dorada.

Luego, comprendí que lo normal era que el 28 se redujese, de forma que 2 + 8 + 5 + 2 + 9 = 26 = 2 + 8 = 1, el número del iniciador. Así que decidí consultar a mi guía Kumeka, quien confirmó que Byron había sido enormemente luminoso y poderoso en la Atlántida Dorada y que se había encarnado para introducir esa energía en el mundo.

Quizá esté influido por el número 1 durante su infancia. Luego, cuando llegue a la edad adulta, el sagrado número 44 le iluminará gradualmente para que pueda asumir su verdadero poder y autoridad.

Cuando Metatrón empezó a conectar conmigo, comencé a ver por primera vez la cantidad de coches en mi zona que tenían el número 55 en la matrícula. Realmente era bastante extraño, o al menos yo no lo había notado antes. Debido a los relojes digitales, la atención de la gente está siendo atraída a los números múltiples y algunos de ellos son extremadamente influyentes. De hecho están siendo utilizados por los espíritus como minillamadas de atención del universo, y Kumeka me dio esta información sobre ellos.

3:03   Las cosas están empezando a avanzar porque ahora sabes.

4:04   Es hora de consolidar un proyecto, y luego de volar con él.

6:06   Reúne la ayuda y cooperación que necesitas a tu alrededor.

7:07   Mira lo que estás haciendo desde una perspectiva espiritual superior.

8:08   Confía en el proceso y sigue tu orientación para adentrarte en el futuro.

9:09   Está acabando ahora una fase.

10:10   Algo nuevo está empezando, así que prepárate.

11:11   Anuncia nuevos comienzos a un nivel más alto. Este número fue implantado en la consciencia colectiva hace siglos y es a las 11:11 cuando la nueva vibración superior entrará a raudales en los momentos cósmicos.

12:12   Es el número del discipulado. Te sugiere que te disciplines en un estilo de vida espiritual.

13:13   Acepta quién eres y sé un líder sabio.

14:14   Prepárate para el retorno de la Luz de Cristo.

Si ves un número duplicado, su influencia y energía son dobles. Si lo ves triplicado, entonces multiplica su efecto por tres.

Cada estrella o planeta tiene un número cósmico asociado y todos ellos trabajan para crear un cuadro de armonía. Por ejemplo, el de la Tierra es el 3.

1 Sirio y el Sol.
2 Las Pléyades.
3 La Tierra.
4 Mercurio.
5 Marte y Andrómeda.
6 La Vía Láctea, Venus y Júpiter.
7 Orión y Andrómeda.
8 Neptuno.
9 Saturno y la Luna.
Nótese que Andrómeda vibra con el 5 y el 7.

En el 2032 se reconocerá el verdadero potencial de influencia de los números. Ya va siendo hora de empezar a acceder a más energía de las estrellas y planetas honrando sus números.

Los números con su correspondiente chakra, ubicación en el planeta, conexión galáctica y arcángel

Núm.	Chakra	Ubicación planetaria	Conexión galáctica	Arcángel
1	Estrella de la Tierra	Londres, Reino Unido	Sirio y el Sol	Sandalfón
2	Basal	Desierto de Gobi, China	Las Pléyades	Gabriel
3	Sacral	Honolulú	La Tierra	Gabriel
3	Umbilical	Islas Fiyi	La Tierra	Gabriel
4	Plexo solar	Sudáfrica entera	Mercurio	Uriel
5	Cardíaco	Glastonbury	Andrómeda y Marte	Chamuel
6	Corazón Cósmico	Guatemala	Venus	
6	Garganta	Luxor, Egipto	Vía Láctea	Miguel
7	Tercer Ojo	Afganistán	Andrómeda y Orión	Rafael
8	Todos		Neptuno	Azariel
9	Coronilla	Machu Picchu, Perú	Saturno y la Luna	Jofiel
10	Causal	Tíbet	El aspecto espiritual de Sirio	Cristiel
11	Estrella del Alma	Agra, India	Alción	Mariel
12	Puerta de las Estrellas	Ártico	Vinculado a un cúmulo de energía en las Pléyades, que conecta con un agujero de gusano que da acceso a la Fuente	Metatrón

Cuando menciono dos conexiones galácticas, la primera tiene más poder y la segunda menos influencia.

253

CAPÍTULO 41

Cambios para traer de vuelta la energía
de la Atlántida en un plano superior

La energía de la Atlántida está latente dentro de nuestros chakras. Necesitamos ajustarlos con delicadeza a fin de que podamos acceder a ella, y los ángeles y unicornios nos ayudarán en la tarea.

1 El primer cambio es el de la iluminación. Los unicornios ayudarán a cualquier persona de corazón abierto a disolver los velos de la ilusión, de modo que puedan alcanzar la iluminación. Encontrarás información detallada sobre el tema en el capítulo 37.

2 Llama a los unicornios en tus sueños por motivos específicos. Pídeles que trabajen con tus doce chakras, desde la Estrella de la Tierra hacia arriba, para llevarlos a una frecuencia pentadimensional. Y, ADEMÁS, pide a los ángeles que canten en el tono adecuado para cada uno de los chakras.

Mi amiga Diane Egby Edwards, que es sanadora mediante el sonido, ha investigado y experimentado extensamente en este campo, especialmente en la sanación por el sonido. Dice que, si bien todos los sonidos son bellos, se sabe que los intervalos tienen una serie de efectos psicológicos, emocionales y físicos diferentes. Me ha permitido generosamente usar esta explicación de su disco compacto *Magical Sound*:

Todo lo que tiene materia tiene su propio sonido; por ejemplo, cada árbol o cada célula de tu cuerpo, que emite frecuencias vibratorias que quedan fuera de nuestro espectro auditivo.

Una vibración es una onda, y la frecuencia es la velocidad de dicha onda. Todos los seres y toda la materia están hechos de moléculas; y cada una de éstas tiene su propia frecuencia vibratoria, que o está en resonancia o está en disonancia con cada una de las demás moléculas de ese ser. Cuando todas nuestras moléculas resuenan en armonía juntas, hay bienestar. Cuando hay moléculas disonantes, hay enfermedad física o psicológica. Y cuando las moléculas son sometidas a ciertas frecuencias, vibran simpáticamente. En esto se basa la sanación por el sonido.

Las combinaciones de ciertas frecuencias crean unos sonidos que son más curativos que otros. Estas combinaciones se llaman *intervalos*. Cada intervalo tiene un efecto especial diferente debido a todos los armónicos que se crean, por ejemplo, cuando suenan un do y un sol juntos; no sólo oyes esas dos notas fundamentales. Ambas están tejiendo en el sonido que escuchas una gama formada por otras notas, que son todas ellas sonidos que resuenan con el do + sol y se llaman *armónicos*. Son ellos los que obran la sanación con tanta eficacia. Do + sol, conocido como la quinta perfecta, es el sonido más perfecto del universo, que puede llevar a las personas al éxtasis.

Diane me ha facilitado amablemente las siguientes notas, que elaboró por radiestesia bajo la dirección de Kumeka y

Fekorm, el Maestro de Música, para los ángeles de cada uno de los chakras.

Tercer intervalo	=	alegría y felicidad.
Cuarto intervalo	=	extraño, místico.
Quinto intervalo	=	alinea chakras, mueve energía; expansión.
Sexto intervalo	=	pureza, amor, dulzura.

3 Pide a los ángeles y unicornios que te ayuden a conectar tu corazón con el de los animales.

4 Pide al arcángel Sandalfón que te coloque en una burbuja pentadimensional. *Véase* el capítulo 32.

5 Pide a los ángeles del amor que extiendan una burbuja amorosa alrededor de ti y de otras personas.

6 Cada día, pide a los ángeles que te ayuden a ver, oír y hablar de un modo pentadimensional.

7 Hay mucha gente que sigue sin estar realmente conectada a la Tierra. Se limita a estar en ella. Pero no puedes ser verdaderamente feliz ni ayudar al planeta a evolucionar a menos que lo sientas. Para ayudarte a conseguirlo, aquí tienes un ejercicio que puedes practicar.

8 Conecta con el sol y recurre al Divino Masculino. Conecta con la luna y recurre al Divino Femenino. Para hacerlo conscientemente, sal fuera y báñate en su luz. Al respirar, aspira la energía y llévala hasta tus células

9 Honra la energía del agua –por ejemplo olas, cascadas, ríos con rápidos, etcétera– y, al mismo tiempo, honra una simple gota de agua. Una sola gota de agua en tu lengua representa la esencia de la vida.

10 Abre tus doce chakras, con tu Estrella de la Tierra conectada a la Tierra y tu Puerta de las Estrellas abierta de

par en par a la Fuente. Haz subir la energía del planeta y haz bajar la energía de la Fuente hasta tu corazón. Luego, irradia amor y paz al mundo desde tu corazón.

11 Permanece sentado en silencio y visualiza que estás sosteniendo el planeta entre tus manos ahuecadas. Dale amor y recibe amor de él.

Los doce chakras con sus correspondientes arcángeles, sonidos y colores

Chakra	Arcángel	Notas para sintonizar con el chakra	Color pentadimensional
Estrella de la Tierra	Sandalfón	Fa + si (4.° intervalo)	Blanco y negro (yin y yang)
Basal	Gabriel	Mi + si (5.° intervalo)	Platino
Sacral	Gabriel	Mi + si (5.° intervalo)	Rosa claro
Umbilical	Gabriel	Mi + si (5.° intervalo)	Naranja
Plexo solar	Uriel	Re + si (6.° intervalo)	Oro
Cardíaco	Chamuel	Fa + do (5.° intervalo)	Blanco
Garganta	Miguel	Re + la (5.° intervalo)	Azul real
Tercer Ojo	Rafael	Mi + la (4.° intervalo)	Cristal transparente
Coronilla	Jofiel	Do + la (6.° intervalo)	Cristal transparente
Causal	Cristiel	La + do (3.ᵉʳ intervalo)	Blanco
Estrella del Alma	Zadquiel y Mariel	Do (512 H) Fa do (128 H)	Magenta
Puerta de las Estrellas	Metatrón	Sol + do#	Oro intenso

Conecta con el arcángel Sandalfón

1   Conecta con el arcángel Sandalfón. Puedes hacerlo al
    aire libre, con los pies descalzos en la tierra, o visuali-
    zarlo dentro de casa.
2   Imagina unas raíces que salen de tus pies, pasan por tu
    Estrella de la Tierra y llegan hasta el amoroso centro
    de la Tierra.
3   Luego, haz subir la energía hasta tu corazón, para que
    te sientas querido y como en casa.
4   Sabe entonces que la Madre Tierra te quiere verdadera
    y apasionadamente y que eres capaz de corresponder
    de corazón. (Kumeka insistió en las palabras «verda-
    dera y apasionadamente» para poner de relieve la im-
    portancia y profundidad del amor que la Señora Gea
    siente por cada uno de nosotros.)

CAPÍTULO 42

Nuestro cometido en el Plan

Eres afortunado de estar en la Tierra en estos momentos, con el extraordinario privilegio que te concede de introducir las energías del 2012 y luego prepararte para la nueva edad de oro. Nunca ha habido una oportunidad de desarrollo espiritual como ésta y se te pide que la aproveches al máximo.

A fin de que estés preparado, se espera de ti que te libres de todo el miedo y la negatividad y los reemplaces con amor, paz, alegría y abundancia. Puedes hacerlo practicando los ejercicios de este libro. Cuanto más te transmutes, mayor será tu Luz y más podrán los ángeles y Seres Iluminados operar a través de ti.

Cómo asistir en el proceso

1 Lleva a tu vida la paz y la armonía. Cuando lo hagas, tu energía automáticamente aumentará las vibraciones de todo aquel con quien entres en contacto.

2 Reconoce que todo el mundo es igual y trata a todo el mundo de igual a igual.

3 Honra todas las formas de vida del planeta, desde las rocas, los insectos y las plantas hasta los animales y los seres humanos.

4   No concedas energía al miedo, la oscuridad ni la histeria colectiva. En lugar de eso, céntrate en lo bueno, lo sabio y lo grande para que se expandan.

5   Visualiza a todos viviendo en paz y amor por todo el mundo.

6   Camina con los pies en la tierra y la cabeza en el cielo.

Si el suficiente número de individuos hace estas cosas, la consciencia de todos inevitablemente aumentará. Tu tarea es mantener estable tu luz y erigirte en faro, pues puedes descubrir que eres capaz de influir en miles de almas e incluso conducirlas a la ascensión.

Mis preparativos personales

En el terreno práctico, he hecho mi hogar todo lo ecológico posible con placas solares y estufas de leña. Ahorro toda el agua que puedo. Como creo en la autosuficiencia, estoy cultivando hortalizas y frutales y me propongo ampliarlo.

Metatrón está garantizando que todo el mundo esté en el lugar y en el momento adecuados. De acuerdo con sus consejos, estoy buscando algún sitio donde la tierra misma sea pura, donde pueda cocrear una comunidad pentadimensional. Sé que eso sucederá en su momento, ¡no en el mío!

Mientras tanto, estoy haciendo mi hogar lo más luminoso posible, así que he hecho instalar ventanales en todas partes donde se podía. Eso hace más fácil para la casa el conservar la energía pentadimensional. Cada día les pido a los ángeles del arcángel Sandalfón que permanezcan en mi puerta y pongan a cualquiera que la franquee dentro de una burbuja pentadimensional. He puesto también cristales junto a la entrada y en las ventanas para asegurarme de que no entra nada ni nadie de frecuencia inferior.

Tanto Kumeka como Metatrón siguen recordándome que a los mundos espirituales les encantan la diversión y la risa, así que he hecho construir en el jardín atracciones para mis nietos y los niños que vienen invitados; por no hablar de los adultos. A todos nos encanta la cama elástica, la tirolina y los columpios; ¡pero por la entrada a la madriguera sólo caben los más pequeños!

Para mantener la frecuencia al nivel más alto, conecto con los árboles de mi jardín y los honro. También honro a los elementales. A veces hay cientos de ellos en torno a mi casa. Cuando mi nueva nieta vino a visitarme, se congregaron para recibirla y tuvimos que hacer una pausa para que todos pudiesen saludarla. Se quedaron encantados, ¡porque no es frecuente que sean presentados con amor a un bebé humano!

Ante cada decisión me pregunto a mí misma: «¿Qué es lo más elevado que se puede hacer aquí?». Ésa es la razón de que haya traspasado la Escuela Diana Cooper a los profesores como organización sin ánimo de lucro y de que estemos cocreando algo mucho mejor que lo que habría conseguido yo sola. Ha sido una experiencia extraordinaria. Al deshacerme de lo innecesario he recibido mucho más de lo que podía haber soñado.

Mi mayor reto es equilibrar el trabajo y el ocio. Me resulta muy fácil trabajar en exceso. ¡Pero me están obligando a escuchar! Kumeka zumba en mi oído izquierdo y Metatrón en el derecho cuando me dicen que pare y me relaje.

¿Que si estoy deseando que lleguen los próximos veinticinco años? Desde luego que sí. Me parece alucinante formar parte de este inimaginable cambio. Me encanta la idea de crear un nuevo modo de vida tan natural y sostenible como sea posible. Caminar de la mano de ángeles, Maestros, unicornios y seres elementales, y dejarles que me guíen y me asistan, hace que mi corazón rebose de alegría.

Ojalá todos traigamos alegría y risas al mundo y avancemos juntos para adoptar este nuevo y maravilloso estilo de vida.

Orbes

Si contemplas estos orbes (o esferas de luz) de unicornios con el corazón abierto, conectarán contigo y te ayudarán a disipar los velos de ilusión que nublan tu Tercer Ojo. Luego, se quedarán junto a ti y trabajarán contigo para eliminar los restantes velos hasta que alcances la plena iluminación. (*Véase* el capítulo 38, «Iluminación», para encontrar más información interesante sobre el tema.)

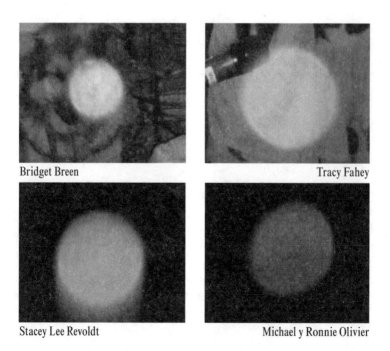

Bridget Breen

Tracy Fahey

Stacey Lee Revoldt

Michael y Ronnie Olivier

Bibliografía

COOPER, DIANA: *A New Light on Angels*. The Park Findhorn, Escocia (Reino Unido), Findhorn Press, 1996/2009.

—: *The Wonder of Unicorns*. The Park Findhorn, Escocia (Reino Unido), Findhorn Press, 2008.

COOPER, DIANA / CROSWELL, KATHY: *Enlightenment Through Orbs*. The Park Findhorn, Escocia (Reino Unido), Findhorn Press, 2009.

COOPER, DIANA / CROSWELL, KATHY: *Ascension Through Orbs*. The Park Findhorn, Escocia (Reino Unido), Findhorn Press, 2009.

COOPER, DIANA / HUTTON, SHAARON: *Discover Atlantis*. Londres, Hodder Mobius, 2006 / The Park Findhorn, Escocia (Reino Unido), Findhorn Press, 2008.

EGBY EDWARDS, DIANE: *Magical Sound*. (CD), 2009.

GOLDMAN, JONATHAN: *Sonidos que sanan*. Barcelona, Luciérnaga, 1996.

HAITCH, ELIZABETH: *Initiation*. Santa Fe, Nuevo Méjico (Estados Unidos), Aurora Press, 1994/2000.

HAMEL, PETER MICHAEL / LEMESURIER, PETER: *Through Music to the Self*. Shaftesbury, Dorset (Reino Unido), Shaftesbury Element Books, 1986.

Índice

PARTE 3

2032 Y MÁS ALLÁ